LE VOYAGE DE PÉNÉLOPE

DU MÊME AUTEUR

Kant tu ne sais plus quoi faire, il reste la philo, Flammarion | Versilio, 2018 ; J'ai lu, 2019.

Descartes pour les jours de doute, Flammarion | Versilio, 2019 ; J'ai lu, 2020.

Les Chemins du possible, le voyage de Pénélope, Flammarion | Versilio, 2021.

MARIE ROBERT

LE VOYAGE DE PÉNÉLOPE

Une odyssée de la pensée

ROMAN

© Flammarion, 2020
© Versilio, 2020

Le Code de la propriété intellectuelle interdit les copies ou reproductions destinées à une utilisation collective. Toute représentation ou reproduction intégrale ou partielle faite par quelque procédé que ce soit, sans le consentement de l'auteur ou de ses ayants droit ou ayants cause, est illicite et constitue une contrefaçon sanctionnée par les articles L335-2 et suivants du Code de la propriété intellectuelle.

Je ne tomberai pas. J'ai atteint le centre. J'écoute le battement d'on ne sait quelle divine horloge à travers la mince cloison charnelle de la vie pleine de sang, de tressaillements et de souffles. Je suis près du noyau mystérieux des choses comme la nuit on est quelquefois près d'un cœur.

Feux, Marguerite YOURCENAR

Prologue

7 h 47. Un œil puis l'autre. Ma main saisit le téléphone. Aucun texto, juste un mail m'informant d'une offre à ne surtout pas manquer. Un léger vertige en me retournant sur le côté droit du lit. L'envie familière de retaper l'oreiller, d'attraper un peu de fraîcheur pour mieux me rendormir. Sombrer de nouveau. Le corps immobile. Rien à faire, rien à penser. Oublier la semaine. Savourer le goût du dimanche. Celui de l'enfance. Le doux refrain de l'abandon. Mais à mes pieds, quelque chose me démange. Une étrange sensation qui vient troubler mon confort.

Je me lève, je suis obligée de secouer ma couette, d'aller chasser l'intrus. Rien de visible à première vue. Je me rapproche, exaspérée. C'est alors que mes yeux se posent sur un grain de sable. Pire encore, une poignée de sable. Que fait ce bout de plage au bout de mon lit, moi qui ne me suis pas baignée depuis des mois ?

Impossible, absurde. Ça n'a rien à faire là. Je me recouche, je feins l'indifférence. J'aimerais tant m'en foutre. J'aimerais tant être de ceux qui s'en balancent. Glisser sur l'existence avec panache. Ne pas être atteinte. Rester légère. Du sable, c'est trois fois rien. Pas de quoi se sentir ensevelie, pas de quoi s'agiter, ni avoir le cœur serré. Alors pourquoi je n'y arrive pas ? Pourquoi un détail si insignifiant semble fissurer mon monde ? Pourquoi ces larmes en me servant un bol de müesli ?

Je m'appelle Pénélope, j'ai trente ans, et j'aimerais comprendre ce qui m'arrive.

Ceci n'est pas qu'un dimanche matin

Paris, mois de décembre

Il faut dire que, depuis quelque temps, ce n'est pas tout à fait ça. J'oublie souvent comment les choses commencent, mais je ne m'habitue jamais au fait qu'elles finissent. Pourtant, depuis six mois, je dois reconnaître que la fin rôde avec insolence autour de moi. Fin. Trois lettres élégantes et sobres, pour dire le gouffre, la tempête, la déchirure. Avant, j'imaginais la rupture grandiose, sublime comme dans un roman russe. Un déluge de pleurs sur un quai de gare, des adieux qui disent « je t'aime », des corps enlacés, conscients que leur amour est impossible, et devient, par la même occasion, éternel. Je percevais la séparation à travers un joli filtre. Un fragment de vie, lisse, beau, acceptable, dont je me souviendrais avec le sentiment réconfortant d'avoir traversé quelque chose d'intense. Tout cela était d'autant plus vrai que, jusqu'à présent, ça ne me concernait pas. Une fois que ce fut mon tour, j'ai compris que la fin d'un couple n'avait rien à voir avec *Anna Karénine*. On ose rarement admettre combien rompre, c'est surtout vivre un moment minable. L'absence totale d'élégance. Un truc misérable, mesquin, qui nous ôte toute dignité. On se parle de moins en moins, on s'embrouille pour une boîte d'œufs qui n'a pas été jetée, on se soupçonne, on se méprise, on compte les points, on renonce à toute forme de beauté. Et puis, un jour, c'est fini pour de bon. On se quitte sur un « au revoir ». Un « au revoir », timide et maladroit. Dans une pizzeria. Devant une boulangerie. Ou sur un canapé, qu'on avait mis des heures à choisir ensemble. Rien de superbe, juste quelques regards gênés de n'avoir pas su faire autrement.

Je le sais, c'est banal, une rupture. Ça aussi, au fond, c'est trois fois rien. Un événement que la plupart des gens traversent dans leur existence. Il faut s'habituer. Attendre que les bruits du cœur soient moins aigus, et accepter qu'il n'y ait pas d'autres issues que de recommencer. Voilà l'attitude adéquate. La brillante raison dont nous sommes tous pourvus impose de virer les grains de sable, de passer l'aspirateur et de revenir sur scène. Mais pour moi, la fin, ou plutôt cette fin, a été le début de toutes les autres. Le projecteur dirigé en pleine lumière vers la plus insupportable des révélations : on peut perdre les gens qu'on aime. Puisque l'amour peut finir, alors à quoi bon continuer à miser ? Si l'idée est d'alterner des débuts et des fins, je ne suis pas certaine de souhaiter vraiment participer.

C'est depuis le départ de Victor que j'ai commencé à chanceler. À regarder chaque objet, chaque relation, chaque chose autour de moi, à l'aune de mon chagrin. Ma famille et mes amis me répétaient que j'étais méconnaissable. Ce qui était sans doute une autre manière de dire que j'étais franchement pénible. Je dois avouer que j'étais la première à le constater, je me sentais étrangère à moi-même, mes réactions étaient devenues illisibles, incohérentes, déconnectées de la rassurante habitude. C'est troublant cet instant où l'on bascule, où l'on franchit la rive d'en face. « Mais qu'est-ce qui t'arrive ? » Rien. Je n'en sais rien.

Et comme si un ouragan de peine ne suffisait pas, j'ai aussi négocié mon départ de l'entreprise dans laquelle je travaillais au service juridique. Au bout de l'épuisement, l'esprit hagard, il m'était désormais inconcevable de donner le moindre sens à un dossier agrémenté d'un Post-it, sur lequel était souligné en rouge le mot « urgent ». Les lettres se décomposaient dans l'espace-temps, formaient une guirlande sur laquelle je laissais vagabonder mon regard. Je restais assise à mon bureau, en ne faisant que ranger mes stylos par couleur et par taille. Ce n'était pas une question d'engagement, pas non plus une rébellion stérile, ou de la mauvaise volonté, je n'avais plus rien à faire là. L'énergie que j'avais déployée jusqu'alors me paraissait aussi touchante qu'invraisemblable.

Avoir un salaire décent ne suffisait plus à dissimuler mon chaos.

Un peu lasse, et pas tout à fait prête à avouer que j'étais dépossédée de ma propre personne, comme dévorée par une peine indéchiffrable, j'ai écrit un courrier afin de donner corps à ma volonté de partir. J'ai eu très vite rendez-vous avec la responsable des ressources humaines. Une brune énergique, marchant presque sur la pointe des pieds, prompte à sautiller au moindre signal. Le contenu de notre échange fut aussi irréel que toute cette nouvelle teinte qui venait cendrer mon quotidien. Plus comique que ma séparation amoureuse, mon interruption professionnelle n'était pas moins maladroite. Le haut du corps penché très en avant sur la table ovale qui nous séparait, la responsable voulait sincèrement comprendre ce qui m'arrivait.

— Bonjour Pénélope, je dois dire que tout ça m'embête un peu... J'ai bien eu votre courrier, mais franchement, qu'est-ce qui vous arrive ?
— Rien, plus rien...
— Mais comment ça ? Vous savez, une carrière, ce sont des hauts et des bas, un petit congé, une cure de vitamines et hop, vous serez de retour parmi nous comme si de rien n'était.
— Je ne peux pas. Je ne peux vraiment pas.
— Pourquoi donc ? C'est invraisemblable ! Est-ce qu'il y a quelque chose que je dois

savoir ? Une formation que vous voudriez faire ? Un projet ? Une envie ?

— Non vraiment. Rien. Plus rien.

— Mais Pénélope, c'est impossible. Croyez-moi, c'est impossible ! Vous ne pouvez pas partir comme ça !

Ses mains frappaient le bord de son bureau, manifestant sa stupéfaction. Mais je n'avais ni griefs clairs, ni doléances construites, ni projet, ni désir de formation. Je ne voulais pas ouvrir mon atelier de pâtisserie, ni passer à la concurrence. J'étais juste là, clouée au sol, à me répéter que plus rien n'avait d'importance. Désespérée par mon manque d'imagination, elle a finalement signé ma demande de rupture conventionnelle, sans même s'apercevoir que ses paupières continuaient à se hausser d'étonnement. Ces quelques cases m'assuraient les indemnités nécessaires à mon répit, au moins pour quelque temps. Avant de partir, elle me serra la main, me souhaitant une « bonne continuation » avec une empathie présageant que, selon elle, j'avais fait le pire choix de ma vie. Je l'ai laissé gambader dans ce couloir, qui m'avait été si familier, me demandant une dernière fois qui avait bien pu choisir un tel motif de moquette.

J'étais officiellement célibataire et chômeuse.

*

Ma cousine Cécile a vite nommé cela un « burn-out ». À moins que ce soit mon médecin. Toujours est-il que mettre un nom sur mon état permettait de baliser le mal, d'organiser un parcours pour me sortir de là. À chaque problème sa solution, il suffit d'adapter le protocole. Docile, je me suis laissé porter. J'ai suivi toutes les prescriptions sans sourciller. Mon entourage, certain qu'une rupture n'avait pas pu provoquer une telle tornade, s'était concerté et avait identifié une « crise de la trentaine ». Le concept était trop beau, il donnait de la substance à ce qu'il devenait impérieux d'endiguer. Au pied de mon lit, ma garde rapprochée se reléguait pour me convaincre. Ma mère, armée d'articles de journaux, insistait sur l'évidence de ce qui selon elle était une heureuse découverte, un phénomène observable qui pouvait être solutionné.

— Ma chérie, c'est certain, tu fais une crise de la trentaine, une simple crise ! Deux Américaines se sont penchées sur le phénomène, elles s'appellent Alexandra Robbins et Abby Wilner, et franchement, vu leur description, on a l'impression qu'elles te connaissent ! Écoute ça : « Sentiment de stagnation, insécurité, doute, confusion, incertitude sur la réussite amoureuse, stress lié à l'économie, réévaluation des relations amicales, désir d'enfant problématique, confusion identitaire, ennui... » Je te passe les détails, tu es mieux placée que moi pour les connaître, mais c'est incroyable, non ? On dirait qu'elles parlent de toi !

Ma mère finissait par être satisfaite que j'appartienne à la grande fratrie des individus en crise. Alexandra Robbins et Abby Wilner, avec leurs noms d'héroïnes Netflix, étaient devenues les prêtresses de mon désarroi.

Afin de me sortir de cette vilaine impasse, et de m'occuper avant mon prochain anniversaire, on s'arrangeait pour organiser mon temps. Une émouvante chaîne de solidarité s'était mise en place autour de moi. J'étais emmenée d'un endroit à un autre, comme une enfant en garde alternée, pour qui on se dévoue. Le week-end était le point d'orgue de cette mystérieuse collaboration entre ma famille et mes amis. Ma solitude était leur ennemi commun. Le planning s'articulait autour de cafés pris avec de vagues connaissances, d'initiation à la poterie, de cours de japonais, de jogging pour libérer mes endorphines, de dîners avec tout ce que mes copines comptaient comme cousins célibataires. Je suivais, toujours malléable, emplie de gratitude à l'idée que, malgré ma sinistre compagnie, on prenait autant soin de moi.

*

C'est à peu près là où j'en suis ce dimanche matin. Il est 9 heures, mes draps sont sableux et je ne sais pas quoi faire. J'ai renoncé depuis peu à l'emploi du temps minuté qui m'était proposé, expliquant à mes proches, ravis, que j'allais de mieux en mieux grâce à eux, et qu'ils n'avaient plus besoin d'assurer la garderie. Certes, je n'ai plus à subir des initiations diverses et des discussions forcées, mais je suis maintenant face à mon trois fois rien qui est presque tout. Comment explore-t-on sa douleur ? Au lieu de sortir, je rôde des heures entières dans mon appartement qui n'a jamais été aussi propre, javellisé, épousseté. La seule chose que je maîtrise actuellement est le dosage idéal entre le vinaigre blanc et le bicarbonate de soude, afin de retirer avec certitude toute trace de calcaire. Pour un peu, je m'amuserais presque à salir, juste pour le plaisir savoureux de nettoyer, et de constater qu'ici au moins, le long de mon lavabo, quelque chose agit, se transforme, s'embellit. Dans ma tête, ce refrain réconfortant, cet adage que j'ai entendu mille fois depuis ma naissance, et qui agit comme une obscure formule magique : « Faire et défaire, c'est toujours travailler. » Une expression illogique, qui pourtant apaise, et surtout, une référence à Pénélope, la femme d'Ulysse, celle à qui je dois mon prénom. Son histoire, je la connais sur le bout des doigts. À l'école, mon prénom n'était pas le plus enviable, propice aux surnoms ridicules, il fallait que je lui donne de l'allure, alors je me rêvais en tragédienne, et je racontais l'histoire de mon héroïne, assurant ma culture autant que ma dignité.

Ironie du sort, Pénélope, mon double, est une admirable épouse. Pendant qu'Ulysse, l'aventureux, est parti à la guerre, résigné à mener la lutte contre Troie, Pénélope patiente à Ithaque. Figure de la mesure, de l'extrême loyauté, sa posture est magistrale et son cœur endurant. Elle est la reine d'un royaume suspendu à l'attente anxieuse d'un hypothétique retour. Pendant les vingt années d'absence de son héros, Pénélope fait preuve d'une fidélité absolue. Lorsque la guerre de Troie s'achève, et qu'Ulysse tarde à revenir, au point qu'on le croit mort, il lui faut une ruse habile, servant à éloigner les prétendants qui veulent s'emparer du trône, hypnotisés par le pouvoir et par sa beauté. Alors Pénélope élabore un stratagème insensé, une idée folle qui ne peut prendre sa source que dans les esprits habités par un amour et une détermination infinis. Elle fait semblant de tisser un grand linceul, indiquant qu'elle ne pourra se marier de nouveau que lorsqu'elle aura achevé sa tapisserie. Au fil des mois, les mailles ne semblent jamais progresser, le linceul reste comme étrangement inachevé, car chaque nuit, dans le secret des ombres, Pénélope défait ce qu'elle a tissé dans la journée. Faire et défaire, c'est toujours travailler, ne l'oublions pas. Son artifice fonctionne, jusqu'au retour de son audacieux voyageur, et assure ainsi la pérennité de leur union. J'ai beau connaître ce récit aussi bien que ma propre vie, je suis toujours aussi étonnée en constatant que mes parents m'ont donné le prénom d'une femme qui ne fait qu'attendre pendant vingt ans, tissant un drap dans un sens puis défaisant son travail dans l'autre, et cela jour et nuit. Je ne sais franchement pas ce qu'ils me souhaitaient en s'inspirant de cette drôle de destinée.

Pour la première fois depuis que je connais le texte d'Homère, j'en veux à Pénélope. Qu'est-ce qui se serait passé si, au lieu de rester rivée à son trône, fidèle à un spectre, elle avait décidé de partir ? D'aller, elle aussi, à la conquête des mers ? De découvrir ce qui se trame dans les confins du monde ? Quelle aurait été l'issue de cette légende si elle avait vogué sur les flots de l'imprudence ? Si elle était partie rencontrer le ciel immense, les sirènes enchanteresses, et les mystérieux rochers des îles ioniennes ? Est-ce que la survie d'Ithaque méritait son sacrifice ? Je bouillonne. Mon esprit trépigne. Égoïstement, je me demande : est-ce que mon existence aurait été plus douce si mon double était passé à l'action au lieu d'attendre ?

L'après-midi défile dans une torpeur bien plus grande que d'habitude. J'oublie les Grecs et leur mythologie. Mon regard se tourne vers la fenêtre, le mois de décembre charge la rue de lumières, de scintillements joyeux. C'est joli. Même l'angoisse du dimanche soir peine à s'imposer tant la gaieté de fin d'année plane dans l'air. Je suis spectatrice. Sur mon portable, deux textos : l'un de ma cousine, l'autre d'une ex-collègue. Je ne les ouvre pas, pensant illusoirement que ça me dispense d'y répondre.

Je vais me coucher sans avoir totalement eu l'impression de m'être mise debout. Rituel du lit. Cérémonie de l'oreiller. Je le retape comme il faut, j'apprécie sa fraîcheur, vierge de sommeil. Je me glisse sous mes draps, heureuse de retrouver la protection confortable de ma couette. J'ai à peine les pieds posés sur le matelas que revient cette insupportable sensation d'inconfort, cette chose qui me démange. C'est encore ce foutu sable qui m'avait sortie du lit ce matin. Je bondis de nouveau, encore plus agacée.

D'où vient ce sable ? Pourquoi surgit-il dans mon néant ? Le sable, la mer, l'appel des vagues. Ithaque, Troie, les îles ioniennes. Tout s'embrouille. Je repense à Pénélope, à sa toile, à son exaspérante immobilité, à son attente. Soudain, la démangeaison remonte tout le long de mon corps, d'étranges picotements surgissent au centre de ma colonne vertébrale, un élan inconnu, un frisson. Ce n'est pas l'envie de pleurer, ni de l'énervement, c'est autre chose. Un possible qui contracte l'ensemble de mon ventre, saisit ma poitrine, se répand dans tous les interstices de mon chagrin. Et si ? Et si c'était moi qui partais ? Et si je faisais le voyage qu'elle n'a pas pu faire ? Et si l'odyssée était mon salut ? Ma peine, une cartographie ?

Je m'appelle Pénélope, j'ai trente ans, et c'est à mon tour de quitter Ithaque.

Le passeport de Pénélope

Paris, mois de janvier

— Mais Pénélope, tu ne vas quand même pas faire ça ? Tu sais à peine où est la Grèce !

On était encore en plein dans les volutes du Nouvel An et dans son cortège de résolutions quand la sentence de Cécile parvint jusqu'à mes tympans. Pourtant, la soirée du 31 chez nos amis d'enfance avait plutôt bien débuté. Pour la première fois depuis plusieurs mois, je prenais un plaisir sincère à être dehors, à côtoyer des individus, sans craindre de m'effondrer, parce qu'un mot ou un autre pourrait faire ressurgir un souvenir éprouvant, l'empreinte d'un passé englouti. Je me sentais presque conviviale. Et même si dans ce presque se jouait toute ma fragilité, il était suffisamment solide pour supporter ma paire de talons dorés. Parmi tous les invités, je me suis retrouvée reine de la fête, la fille dont tout le monde sait tout, mais à qui, par pudeur et par éducation, on ne pose aucune question, se contentant d'un « c'est tellement sympa de te voir » très appuyé, marquant combien ma présence relevait du miracle. Les moins subtils se lançaient dans des monologues, évoquant avec emphase leurs hauts, leurs bas, et notre évidente complicité parce que bien entendu « tout le monde passe par là ». J'étais tentée de demander où se situait ce singulier territoire du « par là ». Mais même face à des banalités, il faut avouer que je préférais jouir encore un peu de ce statut de convalescente, comme un précieux cocon ouaté. Et puis minuit sonna sa frontière, dans une habituelle confusion de bises et de textos. Les conversations devinrent plus intimes, libérées par la nuit, et prétextant l'ivresse. On passait en revue les décisions à prendre face à ce nouveau champ des possibles.

Chacun semblait confiant en sa capacité de mettre de l'ordre et de l'air dans cette année à venir. Quatre nouveaux chiffres, forcément gagnants, affranchis de tout échec, de tout obstacle. Pendant quelques heures, dans cette transition entre le jour et la nuit, entre les déceptions du passé et les désillusions du futur, l'imagination n'avait aucune limite. Je crois que, aussi ridicule et intenable qu'elle soit, j'adorais cette idée que quiconque pouvait se projeter dans une version améliorée de lui-même, simplement parce qu'on avait changé de date.

— Non mais moi, clairement, dès demain, c'est méditation tous les matins. J'ai besoin de me poser, de prendre du temps pour moi. Quand tu y penses, cinq minutes par jour, c'est pas compliqué !

— Tu as raison, ça va te faire du bien ! Nous, on se lance dans un projet de bébé, ça risque d'être moins méditatif ! Et on en profitera aussi pour repeindre l'appart...

Je regardais, médusée, mes copains de lycée. Évidemment, au moment où vint mon tour de parler, personne n'en menait large. Ne pas poser la question de mes résolutions aurait été une étrange mise à l'écart, mais me la poser mettait tout le monde un peu mal à l'aise. Mes amis redoutaient sans doute que j'éclate en sanglots, moi qui l'avais fait tant de fois devant eux. Ni mes talons dorés ni mon apparente rémission ne pouvaient garantir que je n'allais pas me briser en deux sous le poids du chagrin. En tant que chômeuse et célibataire au cœur décousu, ils s'attendaient, au mieux, à une inscription en salle de sport, au pire, à l'annonce d'une obscure reconversion professionnelle.

— Eh bien moi, je pars en Grèce dans quelques jours. Je vais sur les traces de Pénélope. Pas moi, mais celle de l'Antiquité.

Silence général autour de moi. L'étonnement de mes plus vieilles connaissances confirmait que je touchais à des rivages inédits, jamais dévoilés. Ma peine avait décidé de m'emmener quelque part, j'ignorais où, mais elle avait identifié un point de départ et, pour l'instant, c'est tout ce qui comptait. La sensibilité qui enrobait ma vie avait au moins ceci de précieux, c'est qu'elle me donnait la sensation de vivre tout plus fort. Et ici, pour une fois, ce qui chatouillait ma peau, c'était un frisson de fierté. Les autres demeuraient un peu abasourdis, mais passé l'effet de surprise, ils étaient plutôt enthousiastes, déjà prêts à échanger leurs bons plans en Grèce et les meilleurs spots de plage. La conversation avait donc repris son fil et n'avait plus besoin de moi. Sauf pour Cécile. Mon annonce provoquait chez elle des spasmes de stupéfaction :

— C'est tout ce que tu as trouvé pour sortir de chez toi ? Tu ne pouvais pas partir faire la fête un week-end à Ibiza comme tout le monde ? Un truc efficace et joyeux ? Eh non, bien sûr, il faut qu'on se tape un périple antique ! Non mais, Pénélope, pourquoi avec toi tout doit être si compliqué ?

Cécile. Ma cousine, mon alter ego. Nous sommes nées à une semaine d'écart, en vertu d'un savant calcul de nos mères qui, en sœurs gémellaires, avaient décidé de vivre leur grossesse ensemble, et de nous élever comme deux fragments d'une même fratrie. D'aussi loin que je m'en souvienne, Cécile est dans mon champ de vision. Toujours là, à mes côtés, réceptacle de mes câlins, de mes secrets, de mes peurs. De nos bodys à la crèche à nos notes à la fac, nous avons toujours tout partagé. Mais nous avons beau former un duo insécable, la vie n'a pas voulu que nous soyons faites de la même matière. Réduire nos caractères à une simple opposition entre ma fragilité et sa force serait bien trop facile, c'est plutôt que nous sommes l'une et l'autre comme deux pièces parfaitement emboîtées. Sa capacité d'organisation, son exigence, ses certitudes répondent à mon désordre, mon indulgence, mes oscillations. Un dialogue permanent est installé entre nous, avec la conscience que seul le croisement de nos regards permet d'atteindre l'équilibre, la justesse qui donne de la stabilité au quotidien.

Avant de réagir aux situations les plus complexes, ou avant de prendre une décision importante, nous avions mis en place une procédure tacite entre nous : un déjeuner rituel, dans le café de notre adolescence, où nous nous engagions à écouter pleinement l'avis de l'autre. C'était la seule façon pour nous de nous confronter à l'altérité et d'épouser un regard différent, pour mieux trancher, pour adopter une vision globale au lieu de céder à nos pulsions premières. Jusqu'ici, cette conduite nous avait permis de négocier bon nombre de virages et surtout d'éviter pas mal de regrets. Disputes avec des amis, démission de stage, aveux à nos parents, teinture rousse, choix d'appartement, etc., les dossiers soumis à nos colloques privés avaient été considérables. Même le jour de sa demande en mariage, Cécile m'avait appelée pour s'enquérir de mon avis avant de dire oui. Pendant mes curieux mois de vide, dans ce climat où le mot rupture s'écrivait au pluriel, Cécile avait été exemplaire, un soutien inconditionnel, prenant des rendez-vous chez le médecin, écrivant avec moi ma lettre aux ressources humaines, m'aidant à jeter les affaires de l'absent, orchestrant les moindres détails de mes journées, distribuant les rôles à ma garde rapprochée. Malgré son mari, ses deux filles, son boulot prenant, je demeurais ce morceau d'elle-même, cette particule inamovible. J'étais littéralement sa jumelle, comme l'avaient voulu nos mères.

Alors bien entendu, apprendre cette nouvelle en même temps que tous les autres avait pour elle le goût de la trahison. Non seulement je ne l'avais pas consultée, je la sortais de mon intimité, mais en plus ce projet n'avait aucun sens puisqu'elle n'y était pas associée. Je rompais le pacte. Je piétinais notre accord et sa précieuse confiance. Je ne savais pas expliquer les raisons de mon silence, ni pourquoi je m'étais dispensée de son point de vue. La crainte de son jugement ? Le refus de cette altérité que je trouvais pourtant si estimable ? Ou peut-être le désir inavouable de désobéir ? Même si son regard bleu sévère me saisissait, et que je prenais la mesure de ce que mon acte déclenchait chez elle, je ne pouvais pas reculer, le vent s'était levé. Dans un coin du salon, elle m'avait prise un peu à l'écart, et me parlait comme à une enfant indisciplinée, m'arrosant de toute sa désapprobation :

— Mais tu te rends compte ? Et tu vas faire comment pour ton appart ? Et la Grèce ? Non, mais tu connais la situation économique de la Grèce ? Et tu ne supportes pas le soleil ! Et puis après, tu vas aller où ? Tu n'as même pas le permis, Pénélope ! Tu n'y connais rien en géographie ! Mais tu n'en as pas marre de ta crise, là ? Fous-lui la paix à Pénélope, Homère ne t'a pas attendue, l'histoire est finie ! Je n'en reviens pas, je croyais que t'allais mieux ! Bordel, retrouve un peu ta raison !

Son timbre était devenu si aigu qu'il ressemblait à une sorte de cri. Comme le piaillement d'un oiseau. À la fin de sa diatribe, ses épaules sont retombées d'un seul coup. J'adorais Cécile, ma tendresse à son égard était infinie, et je l'aimais encore plus pour cette puissance de conviction. Mais malgré tout l'amour et toute la gratitude qui m'envahissaient, je savais que, cette fois-ci, il n'était pas question d'aller déjeuner au café de notre adolescence, ni de construire un illusoire compromis, il fallait plutôt que je m'affranchisse. Ce voyage n'était pas une banale résolution de nouvel an. Poussée par mon instinct vital, et sachant que Cécile ne changerait pas de registre pour le moment, j'ai jeté un bref coup d'œil à la pièce, à tous ces gens qui comptaient, et avaient tant compté pour moi, j'ai repris mon manteau et, comme au ralenti, j'ai claqué la porte derrière moi. La reine de la fête, fragile et vulnérable, avait décidé d'abdiquer.

*

Ce matin, tout dans la rue témoigne de la reprise. C'est la remise en route, après le temps suspendu des fêtes de fin d'année. Les heures reprennent leur cadre, les rendez-vous retrouvent leur nécessité. De mon côté, j'ai renoncé aux messages de « bonne année », mais mon pas suit le mouvement et marque une cadence assurée. Ce qu'il y a d'étonnant quand quelque chose devient évident, c'est que rien ne peut nous faire flancher. De petite biche errante, je me retrouve samouraï, prête à tout pour remplir ma mission. Ne pas se laisser déstabiliser.

Ma décision ne s'intégrait dans aucune case, ils ne savaient pas quoi en faire, et préféraient me renvoyer à leurs peurs. J'ai lu une fois qu'il s'agissait là de la différence entre un choix et une décision. Un choix est rationnel, il suppose que l'on ait minutieusement pesé le pour et le contre, établissant une série d'arguments convaincants qui nous autorisent à agir. À l'inverse, la décision relève de l'art, non de la science. De l'intuition, non de l'argumentation. Impossible de nier que ce départ n'a rien d'un choix, c'est juste un saut dans le vide qui me donne l'impression d'exister. C'est peut-être ça le plus dur à admettre pour mes proches. Car comment peuvent-ils se mettre à ma place puisque, par définition, ils n'ont pas accès à mon intuition, à cette voix qui résonne en moi ?

Je ne veux pas les inquiéter, ce n'est pas une fugue, ce n'est pas contre eux, il faut donc qu'*a posteriori* je sois apte à faire passer ma décision pour un choix. Donner du tangible, du concret, préparer mon périple avec eux, et raconter autre chose que « un soir de décembre, j'allais très mal alors j'ai décidé que Pénélope devait lâcher sa tapisserie et se tirer du port ». Même si, au fond, rien ne sera jamais plus fidèle à mon âme que cet élan-là. À défaut de savoir ce qu'il se passe dans ma tête, je sais vers quelle direction vont mes pieds.

Dans ma librairie de quartier, le rayon « voyage » est un étal d'opportunités. Le monde vu en tranches bleues, vertes, rouges, orangées. Des ouvrages plus ou moins épais, plus ou moins grands, à même de contenir la singularité d'un pays, ses chemins, ses habitudes, ses odeurs. Je me demande si, parfois, les gens ferment les yeux, et en choisissent un de manière aléatoire afin de déterminer leur prochaine destination de vacances. Je crois en tout cas que j'aimerais le faire, si je n'avais pas ce point fixe, ce mot qui compte triple, qui bouscule tout dans mon esprit et absorbe temporairement mon chagrin : Ithaque. Trois syllabes qui claquent sur les dents. Je veux rejoindre Ithaque pour mieux la quitter. En faire ma base de départ. J'ignore la suite, et pour l'instant, je n'ai pas d'espace mental disponible pour m'y intéresser. Je paie mes acquisitions. Dans mon sac, je détiens désormais les œuvres complètes d'Homère, une carte routière, un Guide Bleu plutôt historique et un autre avec des macarons indiquant les « incontournables ». Ulysse avait tous les dieux de la mythologie derrière lui pour le guider, à défaut, je fais confiance aux auteurs et à leurs repérages.

Une fois arrivée chez moi, je m'installe à la table de mon salon. Mon imagination palpite. Mes neurones m'envoient des représentations de capitaines de navires, armés de grands compas et bravant les mers à coups de calculs astucieux. J'avais oublié ce qu'était l'excitation, oublié ce que c'est que de se projeter quelque part. En un tour de page, l'Ithaque fantasmée devient réelle. J'apprends qu'il s'agit d'une île de la mer Ionienne, qu'elle se trouve à l'ouest de la Grèce continentale et au nord-est de Céphalonie. Elle compte près de 3 200 habitants pour une superficie de 96 km², soit à peine moins que Paris. Son nom provient sans doute du phénicien, qui voudrait dire « colonie », en référence à une colonie phénicienne voisine de Carthage. Mais d'autres experts y voient plutôt la marque d'Ulysse, car en grec la racine d'Ithaque évoque la droiture, la franchise, la loyauté, les caractéristiques majeures que l'on attribue au héros. Les deux origines me plaisent tout autant. Les mots infusent en moi. Tout ce qui compte à cet instant, c'est que je suis déjà loin. Les rumeurs de la Méditerranée ont remplacé les craquements solitaires de mon parquet. En m'échappant d'ici, je peux enfin penser à autre chose qu'à nos tiroirs, vidés de ses vêtements, et à nos promesses, que nous n'avons pas su tenir.

Mais pour parvenir sur le sol d'Ithaque, il faut le mériter. La preuve que la tradition a su se perpétuer. Mes deux guides demeurent d'ailleurs assez flous sur les moyens d'y accéder, préférant ironiquement renvoyer à la lecture de l'*Odyssée*. C'est en naviguant sur Internet que je comprends un peu mieux mon itinéraire. Depuis Athènes, je dois rejoindre en bus le port de Patras à 500 km ou celui de Kyllini à 300 km, puis prendre un ferry pendant plusieurs heures, jusqu'au port de Vathy, le plus important de l'île. Mais les traversées semblent rares, surtout hors saison. L'autre option est de passer par les îles voisines, ajoutant un trajet, mais offrant plus de liaisons. Quoi qu'il en soit, le circuit est long et, surtout, impossible à réserver depuis Paris. En premier lieu, il me faut atterrir à Athènes, et composer le reste de mon expédition en étant sur place. Je décide donc de poursuivre sur ma lancée et, pour être certaine de ne pas craquer, de ne pas laisser ma rationalité affaiblir mon instinct, je réserve tout de suite mon billet d'avion.

La confirmation, reçue dans ma boîte mail, accélère mon rythme cardiaque. Départ le 24 janvier, embarquement à 8 h 20. Dans la foulée, je réserve trois nuits au Socrates Hotel, le temps de découvrir les fameux « incontournables » et de humer la ville. Je m'enivre de ce rendez-vous.

*

Vingt jours pour mettre ma vie sur pause. C'est peu, mais au regard du vide qui remplit la mienne, c'est déjà beaucoup. En moins d'une journée, j'ai trouvé une sous-location. Magie des réseaux sociaux et des difficultés pour accéder à un logement parisien. Il m'a suffi d'une vague annonce pour que deux jeunes étudiantes, dont la nièce d'une connaissance, se manifestent. Après leur avoir indiqué ma passion pour le ménage et le lustrage au vinaigre blanc, notre échange s'est montré concluant. Elles investiraient les lieux le 24 à midi, et feraient de cet appartement tout ce qu'il n'a pas su être : un espace de débauche et d'hérésie. La fin du sanctuaire. Je sais dès à présent que, quoi qu'il advienne durant mon séjour, je n'y retournerai pas, mais laisser la porte entre-ouverte est plus doux que de devoir la fermer. Le reste ne fut qu'une somme de tâches permettant d'occuper l'esprit ; vérifier mon passeport et ma mutuelle, mes capacités bancaires à l'étranger, rédiger quelques courriers, trier des affaires et tenter, à l'aveugle, de mettre dans un bagage celles dont j'aurais besoin. Mes parents et ma tante, après plusieurs discussions ponctuées de géolocalisation sur Google Maps, ont fini par se rendre compte que je ne partais pas loin et que la Grèce n'avait rien d'une obscure contrée. J'étais parvenue à leur donner un cadre dans lequel ils pouvaient s'intégrer. En une semaine, ils sont passés de l'inquiétude à l'encouragement, redoublant d'intérêt pour l'architecture grecque et le régime alimentaire méditerranéen. Seul le silence de Cécile reste assourdissant, et toutes mes tentatives pour renouer le fil paraissent maladroites ou inappropriées.

*

3 h 26. La lune entame sa redescente. J'ai à peine fermé l'œil, mon lit me semble étranger. Dans quelques heures à peine, je serai à l'aéroport, en train de passer le portique de sécurité et d'observer d'un œil ce que les gens

cachent dans leurs bagages à main. Je me lève, j'aurai le temps de dormir pendant le vol. Je fais le tour de l'appartement. J'ai retiré tous les détails qui pourraient empêcher mes sous-locataires de se sentir chez elles, et tout ce à quoi je tenais trop pour risquer de le voir abîmé. Le résultat confère au lieu une allure d'entre-deux, ni aseptisé, ni habité, comme un appartement témoin ou un airbnb bien décoré. J'observe, je rôde. Je n'ai pas allumé la lumière pour ne pas réveiller les objets endormis. Dans la pénombre, je photographie chaque mètre carré. J'exerce ma mémoire. Je ferme les yeux et j'essaye de reproduire l'exacte disposition dans ma tête. Un jour, cet endroit ne sera qu'un lointain souvenir.

Mais pour l'instant il n'est que présence, même rangé, même nettoyé de son intimité, il contient encore trop. Trop de lui et trop de nous. L'emménagement, les peintures, les dimanches de pluie, sa manière de plier la couette, le café sur le rebord de la fenêtre, le bruit des touches de son ordinateur quand il travaillait dans le salon, tous ces détails insignifiants qui, lorsqu'ils disparaissent, deviennent l'épicentre du manque. Je revois tout. Tout, jusqu'à cette dernière dispute. Cette énième querelle sur mon refus du mariage, sur ma peur viscérale d'avoir des enfants, sur mon incapacité de m'engager, comme si nous devions rester deux éternels adolescents hermétiques aux lois du temps. Il se sentait menacé par mon immobilisme, meurtri par ce qu'il croyait être une odieuse indifférence, une légèreté qui me permettrait d'un moment à l'autre de le congédier. Il avait l'impression que mes sentiments maintenaient une barrière de sécurité entre lui et moi, que je conservais la possibilité de lui échapper à tout moment. Il m'avait demandée en mariage deux fois et deux fois j'avais dit non. Alors à force d'ouvrir des portes que je refermais, il a fini par la prendre pour de bon. Aucune de mes lettres, de mes tentatives désespérées, aucun de mes textos, n'avait réussi à le convaincre de revenir. Il était parti, et pour ne plus m'entendre, il avait même changé de continent et avait trouvé un poste aux États-Unis. J'avais échoué. Je n'étais pas parvenue à lui faire comprendre combien je tenais à lui. Mes craintes de changement résidaient précisément dans la peur que la vie nous abîme, que notre écosystème ne puisse résister à une alliance et à une famille. Je nous voulais pour toujours amoureux du premier jour. Sauf qu'à force de nous préserver, je nous avais détruits.

5 h 45. Ma tête pèse si lourd ! Il est l'heure de partir, mais je n'arrive pas à bouger. Ce voyage rime-t-il à quelque chose ? N'est-ce pas une petite histoire que je me suis inventée pour ne pas admettre que je suis responsable de tout ce qui m'arrive et que je ne mérite que de dépérir seule assise sur le carrelage de ma cuisine ? Ma valise est prête et me semble ridicule. Je

suis une aventurière de pacotille qui n'a pas su s'aventurer dans sa vie. Je mérite d'être mangée par le Cyclope et non de vivre une odyssée. Je reste là recroquevillée sur le sol, attendant qu'un monstre vienne me débarrasser de ma personne. La vibration de mon portable me fait brusquement sursauter. Le nom s'affiche, c'est celui de Cécile :

— Mais qu'est-ce que tu fous ? Dépêche-toi, je suis en bas en double file. Je t'emmène à l'aéroport.

Celle qui voulait prendre un bus
Athènes, mois de janvier

> *En se connaissant eux-mêmes,*
> *les hommes reçoivent de multiples biens.*
>
> Xénophon citant Socrate,
> *Mémorables*, apr. 370 av. J.-C.

Dans le tout premier vers de l'*Odyssée* d'Homère, Ulysse n'est pas nommé, le poète choisit plutôt de l'appeler « l'homme aux mille tours ». Il l'introduit auprès du lecteur en soulignant le panache de ses actions : « Celui qui visita les cités de tant d'hommes et connut leur esprit » ; ou mieux encore : « Celui qui, sur les mers, passa par tant d'angoisses, en luttant pour survivre et ramener ses gens. » Moi, si quelqu'un devait me décrire et commencer à raconter mon voyage à une Muse, il débuterait sans doute par ces mots : « Celle qui se retrouva en chaussettes à un contrôle de sécurité. » Le voyage moderne préfère la logistique à la poésie. Il nous ramène à des détails pragmatiques. Et c'est d'ailleurs grâce à ce sens du concret que, dans la voiture, Cécile dissipa notre gêne en se transformant en agent de voyages paranoïaque. Lister tous mes oublis possibles permettait d'ignorer notre fâcherie, aussi bien que le motif de mon départ. Stationnée au dépose-minute pour mieux restreindre les effusions, Cécile me serra très fort dans ses bras avant de s'engouffrer dans sa Clio et de claquer la porte aussi nerveusement que les battements de son cœur. À présent, chacun de mes mouvements me rapproche un peu plus de la mer et de ce sable venu s'imposer dans mon lit.

Trois heures dix-sept de vol. Un sas de réalisation qui devient un espace de sommeil. Je dors, réveillée à intervalles réguliers par mon cou, sans cesse secoué par ma propre tête. J'ai tellement pleuré la nuit précédente que les émotions ne me parviennent plus. Il faut juste dormir, laisser mon corps être transporté. Retenue par ma ceinture, dans un espace confiné où tous mes déplacements sont conditionnés par une lumière qui daigne ou non s'allumer, je peux enfin m'abandonner. Même l'impact des roues sur le sol grec peine à me sortir de ma somnolence. Engourdie de toute part, c'est avec des fourmis dans les jambes que je fais mes premiers pas sur mon nouveau territoire. Dans le taxi qui me mène à l'hôtel, j'essaye d'enregistrer des informations comme si j'allais préparer un exposé. J'apprends par cœur les jours fériés, les horaires des repas et les spécialités. Ces réflexes de première de classe me rassurent, encadrent mes appréhensions. Je ne suis jamais allée en Grèce. La seule fois où il a été question d'y organiser un voyage scolaire, le comité des parents d'élèves de mon collège s'y est opposé, considérant que le séjour prévoyait trop de temps en car, et que la grandeur de l'héritage antique ne suffisait pas à compenser la dangerosité du moyen de transport. De la Grèce, je n'ai donc que l'image d'un dépliant obsolète, collé dans mon carnet de correspondance, avec en noir et blanc une photo moche du Parthénon. Tout est à découvrir, mais devant le Socrates Hôtel, ma première surprise consiste surtout à comprendre que ma chambre n'est pas prête, et qu'elle ne le sera pas avant 18 h 30. Une jeune femme blonde m'indique, dans un anglais parfait, qu'une bagagerie est à ma disposition. C'est ainsi que débute mon initiation athénienne, par une petite pièce dans laquelle, en lieu et place des colonnes ioniques, sont alignées des valises de voyageurs asiatiques, arrivés quelques minutes avant moi. Je me demande si Ulysse, lui, aurait négocié l'accès à sa chambre, mais, sans réponse homérique, je décide de laisser toutes mes affaires et de sortir dans la rue.

Ce qu'il y a de perturbant dans une rupture, au-delà du déchirement qu'elle suppose, c'est qu'après elle il faut tout réapprendre. Chaque couple crée un monde, élabore un langage, et donne aux mots une connotation dont seuls les amoureux détiennent le secret. Tout d'un coup, une insignifiante « brosse à dents » devient l'objet d'un moment de complicité, qui marquera, à jamais, toutes les autres brosses à dents. Le jour où l'on rompt, ces mêmes brosses à dents font figure d'épées qui transpercent le cœur. Et c'est pareil pour tout le reste de l'existence. S'aimer consiste avant tout à inventer une langue, mais aussi à faire en sorte que les objets et les lieux soient perçus à travers quatre yeux. Avec Victor, c'est comme ça que, pendant douze ans, nous avons révolutionné mille fois le dictionnaire et bousculé toutes les cartographies. Dès qu'on arrivait dans une nouvelle ville, on avait un rituel immuable, au lieu de prendre un plan, on appliquait la même formule. En sortant de notre lieu d'habitation, on tournait deux fois à gauche, une fois à droite, et de nouveau, trois fois à gauche, juste pour voir où ça nous menait. Dans chaque endroit le même cycle : « Gauche, gauche, droite, gauche, gauche, gauche. » C'est comme ça qu'on s'est retrouvé plusieurs fois sur un parking, devant un supermarché, au bord d'un lac, ou sur des places inconnues des guides : sensation grisante de laisser la magie décider de nos pas, mais surtout, opportunité de montrer à tous les GPS que notre complicité était le plus solide des chemins. Cette fois, devant mon hôtel, Victor n'est pas là. Je ne sais pas comment faire. Le manque, c'est aussi quand tout devient balbutiement. Alors puisqu'il me faut tout reprendre à zéro, je choisis un nouveau code. Un timide « droite, gauche, droite, gauche, gauche », que j'arpente à la manière de Bambi, petite biche chancelante dans des avenues anonymes.

*

Mes premières impressions sont confuses. Et ce n'est pas seulement à cause de mon vagabondage solitaire. Chaque fois que je prononce le nom « Athènes », j'ai l'impression de convoquer l'humanité tout entière. Et je dois avouer que la perspective d'une ville-musée ne m'attire guère. Certes, j'ai envie de me donner bonne conscience en voyant les sites incontournables, et de faire plaisir à ma famille qui attend les photos, mais j'ai surtout le besoin urgent d'aller chercher mes billets de bus, et de me jeter à corps perdu vers Ithaque. Ici, je le sais, je ne vis qu'une étape. Dans le taxi, j'ai eu le temps de lire que la cité avait été fondée au IXe siècle avant J.-C., mais que c'est au Ve siècle précédant notre ère qu'elle est devenue celle qu'on admire dans les manuels d'histoire. Dans un cours de culture classique, je me souviens d'avoir appris que c'est le stratège et orateur Périclès qui lui donna tout son prestige. Jeune et courageux, il distilla ses idées dans toute la société, facilita l'accès des citoyens, même les plus pauvres, aux responsabilités, et fit d'Athènes la place intellectuelle, politique, militaire et économique de toute la Grèce continentale. Pour asseoir sa splendeur, d'ambitieux monuments furent construits. Imposant, pour l'éternité, la vision d'une ville où le beau, le bon, le juste ont été imaginés, Athènes rayonna pendant de longues années sur toute l'Antiquité, avant de tomber dans les méandres du temps, et de ressurgir en lieu de vacances pour touristes amateurs de patrimoine. Voir une carte postale m'ennuie. Sauf que plus je me promène dans la ville, plus cette atmosphère de voyage scolaire se dissipe. Dans la rue à droite, je suis entourée d'immeubles qui la plupart du temps ne dépassent pas deux étages. Victor a fait des études d'architecture, et m'a appris à reconnaître les périodes, alors, même en son absence, je peux identifier le style néoclassique, reconnaissable à ses marques rectilignes et à ses immenses fenêtres. Au rez-de-chaussée, je passe devant une alternance de boutiques de design, de rideaux de fer baissés et de restaurants branchés. Les façades sont sombres, souvent abîmées et ornées de graffitis. En continuant à gauche, puis à droite, les habitations se font parfois plus rondes, plus blanches, inspirées cette fois-ci de l'école d'architecture allemande appelée Bauhaus. Et puis, de temps à autre, à un carrefour, des ruines posées là, des lieux d'abandon prêts à renaître. À chaque coin, quelque chose m'interpelle. Des terrasses, du désordre, une agitation palpable. En fait,

Athènes me semble étrangement vibrante et moderne. Je l'avais figée, rangée dans sa gloire poussiéreuse, et soudain je vois qu'elle me nargue, qu'à mon arrogance somnolente elle répond en affichant ses contradictions, dans un ensemble hétérogène qui ne cherche pas la cohérence. Athènes a derrière elle des siècles de dieux volages, d'empereurs déchus, de complots funestes. Elle vit et se moque de Pénélope et de Victor.

Les heures tournent, et c'est par hasard que j'arrive sur le site du Parthénon, juché sur la colline de l'Acropole qui surplombe toute la ville. C'est escarpé de toutes parts, mais le sommet est presque plat. En son centre trône le temple consacré à Athéna, déesse de la guerre autant que de la sagesse, mais aussi protectrice de la ville. Construit en marbre blanc, il a été conçu pour abriter une statue en or et en ivoire à son effigie. L'ensemble n'est pas tout à fait un éloge de la discrétion, il est époustouflant. Par leurs talents et leurs efforts, des architectes et des sculpteurs ont transformé un bout de terre rocailleux en un complexe unique. C'est ici que sont nés la démocratie, la philosophie, le théâtre, la liberté d'expression et de parole. Je tourne autour, impressionnée. L'édifice n'a plus de toit, certaines colonnes sont fissurées, l'intérieur est vidé de ses pièces, les murs n'ont plus leurs couleurs originelles, et cependant, pas une once de fragilité ne s'en dégage.

Zeus pourrait surgir d'un instant à l'autre et décider de mon destin en un simple coup de tonnerre. D'ailleurs, ça m'arrangerait. L'hiver rend précoce la tombée du jour, quelques touristes quittent déjà le lieu, qui n'offrira pas de coucher de soleil. J'observe les groupes de toutes nationalités venant lisser de leurs pas des pierres millénaires. Je me fais toute petite. Le marbre, les proportions, l'ancienneté des vestiges, tout ici est un appel à l'humilité. Mais je ne sais pas quoi faire de cette pensée. Est-ce que je me sens moins nulle en me disant que dans quelques siècles tout le monde ignorera qu'une certaine Pénélope prit un jour un avion pour donner une direction à sa vie ? Ou est-ce l'inverse ? Est-ce pire encore de savoir qu'on finit par sombrer dans le plus silencieux des oublis ? C'est peut-être cela qu'on recherche en venant ici et en achetant des cartes postales, on espère rapporter dans nos bagages une petite part d'éternité.

Assise sur un bloc de pierre, j'aperçois en contrebas un groupe d'adolescents devant les cariatides, des statues de femmes sublimes qui remplacent les piliers. Ils portent des sweats à capuche larges brodés d'un nom d'établissement que je n'arrive pas à discerner. D'un côté, trois filles se tiennent par le bras, cariatides d'un nouveau millénaire. L'une montre des photos sur son téléphone aux deux amies qui rient avec des intonations très aiguës. Face à elles, les garçons ont les mains dans leur poche avant, tirant maladroitement sur leur pull, qui semble encore plus large qu'il ne l'est déjà. En surface, on croirait que les deux groupes sont indifférents, alors que tout dans leur attitude n'est qu'une mise en scène, dédiée à l'autre. S'apprivoiser. S'envoyer des signaux en espérant que même dans l'implicite naisse ce fameux langage de l'amour, et qu'un rire appuyé soit compris comme un « Regarde-moi ». Je suis attendrie. Ma sensibilité frissonne. Est-ce que Périclès avait prévu que cette colline, près de 3 000 ans plus tard, soit, pour certains, le lieu des premiers émois ? Étrange réconfort de savoir qu'à la démocratie, à la philosophie, au théâtre, à la liberté d'expression et de parole, s'ajoute l'immuable mélodie amoureuse. Épuisée par ma marche à l'aveugle, la majesté architecturale et les chamades adolescentes, je décide de rentrer à l'hôtel, retrouver la bagagerie et le sommeil qui seul relie tous les hommes.

*

Je dors d'une traite, et c'est à 6 heures du matin, réveillée par une faim dévorante, que je sors de mon lit ; je n'ai pas assez prié Athéna pour avoir une énergie de guerrière, mais je me sens mieux que la veille. La journée doit être efficace. Demain, un long trajet m'attend, je dois m'organiser sans tarder. À la réception de l'hôtel, la femme blonde, anglophone, a disparu. À sa place se tient un jeune homme brun, bronzé, avec des boucles impeccablement dessinées. Quand j'étais enfant, je croyais que les boucles étaient issues des cerveaux qui avaient beaucoup réfléchi. Depuis, je conserve le préjugé inavouable que les gens bouclés sont un peu plus sages. Il m'adresse un vague hochement de tête et reste plongé dans son livre, les paragraphes n'attendent pas. Je décide de prendre un petit déjeuner dehors. J'ignore ce que je vais trouver mais ce sera toujours mieux qu'une salle de repas sans fenêtre. Il fait encore nuit, les façades néoclassiques de la veille forment une masse obscure de chaque côté du trottoir. J'avance à toute vitesse et je finis par tomber sur une pancarte qui m'indique que je suis dans le quartier de Plaka, au pied de l'Acropole, de l'autre côté de l'endroit où j'étais hier. Les immeubles sombres sont remplacés par des maisons blanches qui s'alignent sans logique, presque dessus-dessous. Les ruelles serpentent, charmantes même sous une aube de janvier. Ici, la Grèce se fait douce, c'est l'appel du bleu, Ulysse me fait signe, ce n'est pas par hasard si tout ressemble à l'image que j'ai des Cyclades. Je trouve enfin un café ouvert, le Yiesami. Je suis la première cliente dans cette toute petite salle remplie de tables en bois et en métal, accompagnées de chaises dépareillées. Des bouquets de fleurs séchées surmontent des meubles chinés dans des brocantes. Ici ou là, une nappe aux motifs colorés vient protéger de manière arbitraire un guéridon. Il n'y a personne. Tellement personne que je me demande si je n'ai pas eu tort d'entrer dans ce qui ressemble à une maison de poupée. Je reste immobile, attendant qu'un chorégraphe m'indique ce que je dois faire. Soudain, sur la gauche, depuis une porte que je suppose être la cuisine, une femme sort avec deux immenses plats dans les mains, une sorte de gâteau très rond dans l'un et une myriade de petits sablés dans l'autre. Son visage est large, lumineux ; elle a une peau brillante avec d'immenses yeux verts et des cheveux retenus par un foulard ; son cou gracieux dégage une poitrine ample, à peine cachée par un chemisier ocre et un gilet en laine. Son apparition me surprend tellement que je n'ai toujours pas fait un geste :

— Γεια σας τι σας εξυπηρετώ ?

Sa voix est chaude, son timbre malicieux. Je m'aperçois que je n'ai jamais entendu de grec de toute ma vie. Depuis l'avion, ce n'est que de l'anglais qui circule dans mes tympans, ou plutôt une sorte de langue globale, un anglais du voyage, pragmatique, réduit à l'usage. Tout sauf du grec. J'ai fait deux ans de latin en 6e et 5e pour rester dans la classe de Cécile, et sécher la cantine le midi. Mais le grec ancien semblait encore plus aride, un univers inatteignable. Et à l'époque je ne soupçonnais même pas l'existence du grec moderne, persuadée que la Grèce n'avait plus d'habitants depuis l'abandon des toges. Prise dans mes rêveries linguistiques, je ne me suis pas rendu compte que je n'avais pas répondu. Entre-temps, l'une des tables en bois s'était remplie de trésors sucrés et salés.

— *Swiss ? Swedish ? Italian ?* Ah non, tu es française, toi !

Je suis encore plus surprise par son français que par le grec. Comment a-t-elle deviné ? J'ai fini par changer de jambe d'appui, mais je reste toujours plantée là, au milieu de la salle. Je me sens encombrante. La femme au foulard n'a pas l'air du même avis et continue sa danse. J'ai l'impression qu'elle sort l'intégralité de la cuisine pour composer son interminable buffet.

— Tu vas te mettre là. Tiens, regarde, sur le banc, là. Tu prends quoi ? Du café, oui. Du fromage. C'est bien ça pour toi, du fromage. Une omelette aux légumes. Et des oranges. Un jus d'orange, c'est ça. Moi, je m'appelle Tonia. Antoinetta, comme celle à qui tu as coupé la tête !

Il y a une chose que Victor disait souvent sur moi, c'est qu'on dirait que les sons me parviennent du lointain, comme si je portais un casque antibruit, ceux qu'on trouve sur les chantiers pour protéger du vacarme du marteau-piqueur. Je ne fais pas partie des gens qui ont la repartie immédiate, ceux qui arrivent à trouver les bons mots en un seul claquement de langue. Ce n'est pas de la lenteur, ni du désintérêt, au contraire, c'est que j'ai besoin d'absorber les phrases avant d'y répondre. C'est pour ça que sans une seule parole, je me suis assise là où me l'avait demandé Tonia, attendant une commande que je n'avais pas passée.

— C'est pas la saison des Français, tu sais. Les Français, c'est Pâques et juillet. Les vacances de l'école. En août, ils vont directement dans les îles. Tiens, le fromage, faut mettre le miel dessus. Mais un seulement. Tu sais ce que ça veut dire Plaka ? Ça veut dire plaisanterie ! C'est pour ça que moi je ris tout le temps !

J'esquisse un sourire qui se termine par un petit soufflement. Pour un peu, on croirait que je ris. Son accent est prononcé mais elle s'exprime avec une fluidité que j'envie. Tout chez elle évoque la dextérité, ses déplacements, son rythme, ses boucles d'oreilles qui rebondissent sur ses joues. Je me concentre de toutes mes forces pour sortir au moins une phrase.

— Tu veux plus le café ? Bois l'orange avant. Tu fais quoi toi ici ?

J'exécute chacun de ses ordres. J'espère qu'en me focalisant sur le dosage du miel par-dessus le fromage, Tonia oubliera sa question. Mais cette fois, elle s'est posée devant moi. À moitié assise sur une chaise, un torchon sur les genoux, le coude sur le dossier, elle attend, ses yeux verts écarquillés. J'avale bruyamment.

— Je dois acheter un billet et prendre un bus pour aller au port de Patras ou à celui de Kyllini et rejoindre Ithaque. Je m'appelle Pénélope.
— Un bus pour Patras ou Kyllini ? C'est une Plaka ça ! Tiens, mets le fromage sur le pain. Où est-ce que tu as trouvé ça ? Tu sais qu'à cette saison il n'y a aucun bus qui va là-bas ? Et alors les bateaux ! Non, avant le printemps, c'est pas le moment pour tout ça ! Je vais faire ton omelette, il faut la manger bien chaude, c'est pas bon, les œufs froids !

Même avec mon casque antibruit, le marteau-piqueur résonne dans ma tête. Pas de bus. Pas de ferry. Le miel donne une autre saveur au fromage, une sorte d'équilibre, les deux goûts dialoguent, s'harmonisent. Tonia vient de provoquer un tremblement de terre et s'en va faire des œufs. Deux autres clients arrivent, des Grecs, suivis par une jeune femme, seule elle aussi. Tonia me tend mon assiette, vérifie que j'ai assez de café, et repart, déjà occupée à jongler avec d'autres plats, d'autres consignes, d'autres langues, d'autres Plaka. Je continue à manger, mais une veine palpite le long de ma tempe. Et si elle avait raison ? Et si les bus ne circulaient pas à cette période ? Je n'ai pas le permis, mais je pourrais trouver un chauffeur. Mais si les bateaux non plus ne fonctionnent pas ? Non, c'est impossible. Tonia est douée pour la cuisine, mais peut-on lui faire confiance pour les trajets ? Elle doit se tromper. Je vais aller à la gare routière et acheter un billet. Demain, je suis en route. Je me lève pour payer une addition écrite sur un bout de bloc-notes, Tonia arrive d'une main à presser un jus et d'un coup de hanche à ouvrir son tiroir-caisse.

— Reviens, ma chérie ! Demain, il y a aura des tartes. Tu vas voir, avec les poireaux et la menthe, tu oublieras ton bus !

Je sors. Le jour est largement levé. J'active mes données cellulaires à l'étranger. J'enregistre le trajet, je marche tellement vite que j'ignore tout autour. Je dois savoir, je dois être rassurée. Un bus existe forcément. Mes pieds me font mal. Mon sang tourbillonne dans mes jambes. Me voilà enfin devant le guichet. Il n'y a personne. J'en tente un autre. J'explique mon parcours en anglais, je montre une carte que j'ai dans mon sac à main. L'homme derrière sa vitre m'écoute avec politesse mais regarde d'un œil un programme télé sur l'écran de son téléphone. Mon ton monte.

Je répète ma demande comme s'il n'avait pas entendu la question, comme si l'urgence de ma situation était secondaire. J'ai l'impression qu'il ne va jamais répondre. Tout à coup, il appuie sur pause, me contemple et me dit dans un anglais très articulé : « Les bus et les ferrys reprennent le 1er avril. Vous pouvez acheter un billet pour le bus en avance, mais pour les ferrys, ce sera à partir de mars. Bonne journée. » Nous sommes le 25 janvier. Ma frustration atteint un degré que je n'avais jamais éprouvé. Tout se mélange : Tonia, la bagagerie, Cécile, le Nouvel An, Victor, ma sous-location, mes parents, la DRH, le miel, Ithaque, les sweats des adolescents. Gauche, gauche, droite, gauche, droite. Je tourne. J'ai chaud. J'ai froid. Je ne vois plus rien.

*

De longues vibrations résonnent dans ma boîte crânienne. J'ouvre un œil. Je comprends qu'on frappe à la porte. Incapable de me déplacer, je crie : « Entrez », oubliant que la personne qui est derrière ne parle peut-être pas français. Le message est clair. Les bruits de pas remplissent le couloir exigu de ma chambre d'hôtel. Je ne fais aucun effort d'attitude, je ne me redresse pas, je ne m'apprête pas, je ne me demande même pas qui vient d'entrer dans mes douze mètres carrés, je me contente de respirer, ce qui me paraît déjà être un exploit.

Le visage à demi enfoui dans l'oreiller, j'aperçois une masse de cheveux bouclés. Je reconnais le type de la réception. D'un geste calme, il tire la chaise du bureau et s'assoit près de mon lit. Je ne bouge pas.

— Ça vous arrive souvent ?

À son absence d'accent, je saisis qu'il n'a rien de grec mais qu'il est tout ce qu'il y a de plus français. Je me demande pourquoi il est là. J'aimerais être grandiose, être une héroïne qui défaille, mais l'explication médicale est bien moins romantique. Cette fois-ci, inutile de réfléchir à ma réponse, je connais mon discours par cœur.

— Il s'agit d'un malaise vagal. J'en ai fait un bon nombre depuis dix ans. L'activité excessive de mon système nerveux produit un ralentissement de la fréquence cardiaque, qui, associé à une chute de la pression artérielle, aboutit à une hypoperfusion cérébrale. Il peut s'exprimer par une perte de connaissance brève, qu'on appelle lipothymie, ou totale, ce qui est une syncope, comme aujourd'hui. Je me réveille sans savoir comment je me suis retrouvée là. J'ai dans mon sac une carte indiquant mon nom, mon prénom, mon adresse ou mon hôtel. Je prends le risque d'être kidnappée, découpée en morceaux ou cambriolée, mais la plupart du temps, ça permet juste aux secours de prévenir ma famille ou de me ramener au bon endroit. C'est impressionnant pour les autres, mais pour moi, c'est presque une routine.

Il prend le temps de digérer mon monologue, les bras croisés, la boucle aux aguets. Tout dans notre position donne à croire que je suis en consultation chez un psychanalyste, hormis que je suis allongée sur le ventre et qu'un dépliant posé sur la table de nuit, indique que le petit déjeuner peut être servi, en chambre ou en salle, de 7 heures à 9 heures.

— Et donc, savez-vous ce qui a causé l'activité excessive du système nerveux et l'hypoperfusion cérébrale cette fois-ci ?
— Oui, je n'ai pas pu avoir de bus.
— Hier, j'ai raté le tram et ma pression artérielle est restée stable.
— Non. Mais oui. Enfin, c'est compliqué à expliquer. Je dois aller à Ithaque. Je ne peux pas. Je suis nulle. Ma vie l'est encore plus. Je vais rentrer à Paris. Dire à Victor que je l'aime d'amour fou, supplier mon boulot de me reprendre, et virer les filles de mon appartement. Ce n'est peut-être pas clair pour vous, mais ça l'est pour moi. Vous lisiez quoi ce matin ?
— *Le Banquet* de Platon. Je travaille sur ses dialogues en ce moment, j'essaye de les lire en grec. Pas facile, mais je ne syncope pas. Pourquoi Ithaque ? Parce que vous vous appelez Pénélope ?

— Comment le savez-vous ?

— Je suis le réceptionniste de votre hôtel, mon boulot consiste à photocopier des passeports, à vérifier des réservations et, parfois, à expliquer à des agents de gare routière que vous êtes bien la cliente de la chambre 24.

— Je sais que c'est pathétique, mon histoire d'Ithaque.

— Non. On fait ce qu'on peut. Vous devriez lire *Le Banquet*, ça parle de vous.

— Être la femme d'un héros grec qui se barre pendant vingt ans, c'est suffisant comme héritage, vous croyez pas ?

— En fait, Platon fait la différence entre les apparences sensibles, mettons les objets, et l'intelligible, formé par ce qu'on appelle les idées ou formes. Les apparences sensibles sont changeantes, les idées ne bougent pas, elles sont l'essence de chaque chose qui nous entoure. Par exemple, votre oreiller, là. Il n'a rien d'unique, vous en avez connu des dizaines dans votre vie. Des carrés, des rectangulaires, des mous, des fermes. Des tas d'oreillers toujours différents. Pourtant, vous êtes parfaitement capable de reconnaître chaque fois qu'il s'agit d'un oreiller. C'est parce que vous avez l'idée de l'oreiller en soi. Un modèle éternel d'oreiller. Les formes nous permettent de penser et de dire le monde, de voir un lien entre toutes les choses.

— Et donc ? Quel rapport avec moi ?

Je me redresse de mon oreiller, qui, maintenant, me semble être au cœur d'un débat crucial. Avant de partir, mon libraire m'avait dit qu'on ne savait jamais ce qu'il arrivait pendant un voyage. J'avais souri, comme on le fait pour une parole en l'air. Mais soudain, rien ne me paraît plus approprié pour décrire ma situation. Je suis dans un hôtel plutôt minable, avec un bouclé philosophe, qui disserte sur l'apparence sensible de mon lit. Et je n'ai plus de bus ni de ferry pour m'emmener là où je dois aller.

— Attendez, j'y arrive. Restez concentrée, je ne veux pas perdre votre système nerveux. Donc pour Platon, le monde se compose à la fois des apparences sensibles et des idées. Vous suivez ? C'est exactement ce qu'il illustre dans le fameux mythe de la caverne : vous avez dû en entendre parler ? Les prisonniers sont enchaînés dans une caverne depuis leur naissance ; sur les murs, ils ne voient que leurs propres ombres, et celles des objets passant devant une source lumineuse. Vous y êtes ?
— Oui, ils voient des reflets, quoi. Des ombres chinoises.
— Euh… oui, si vous voulez. Les choses qu'ils voient sont effectivement des reflets de la réalité. Mais un jour, l'un d'eux parvient à se libérer et à sortir de la caverne. Là, incroyable, il découvre ce qu'est le réel et comprend que, jusqu'à présent, il ne voyait que des ombres. Il mérite le nom de philosophe. Il redescend pour prévenir

les autres, leur montrer leur erreur, sauf qu'il est encore un peu ébloui par le soleil et qu'il est très maladroit. Les autres se moquent de lui, ne le croient pas et envisagent de le tuer. Les prisonniers voient des apparences, le philosophe a accès aux idées, aux réalités supérieures.

— Pardon, mais en gros, vous êtes venu dans ma chambre pour me parler de types planqués dans une grotte qui confondent des ombres chinoises avec la vraie vie, et qui veulent tuer leur copain. Ça a un lien avec mon désespoir et mon problème de bus ? Franchement, je préfère encore refaire un malaise vagal.

Je me recroqueville dans mes draps. Je réfléchis à la manière dont je vais annoncer à Cécile que j'annule tout. Je n'aimais déjà pas la philo en terminale. Mon prof était perdu dans ses raisonnements, n'arrivant pas à transmettre autre chose qu'une messe indigeste, dénuée de tout sens pratique. Le réceptionniste bouclé est beaucoup plus charmant que lui, mais sa prétention est la même. Au lieu de m'aider à trouver une solution, il s'écoute parler et m'embarque dans des concepts abscons.

— Attendez encore un peu. De toute façon, vous n'êtes pas à une heure près, vous n'avez plus rien à faire. Vous avez dit que vous aimez encore ce Victor ? C'est bien ça ? Au fond de vous, vous désirez le retrouver ?

La question me surprend. Depuis notre séparation, c'est sans doute la première personne qui me la pose si directement. Mon énervement se dissipe d'un seul coup et se transforme en trouble. Le seul fait d'entendre son nom dans la bouche d'un inconnu me donne l'impression d'un saut dans le vide.

— Eh bien, c'est cet amour qui vous sauvera. Je ne sais pas si vous allez retrouver Victor, si vous allez rentrer à Paris ou finir par prendre un bus. Ni combien vous ferez de malaises pour affronter tout ça. Mais je peux vous dire que l'amour vous emmènera loin. Dans *Le Banquet*, l'un des personnages, Diotime, explique que l'amour commence toujours par le désir, notamment le désir de beaux corps, et puis, l'ascension se poursuit, de l'amour pour la beauté d'un seul beau corps, l'amoureux passe à la beauté de tous les corps, puis il commence à aimer les âmes, puis les belles actions, puis les belles connaissances, et il parvient finalement à sortir de la caverne et découvre l'essence du beau, l'Idée de la beauté. C'est l'amour qui nous permet de nous élever. L'amour n'est pas une perte, c'est un chemin, elle est là, l'Odyssée. Pas besoin de prendre un ferry pour Ithaque. Un pas après l'autre. Demain, le check-out est à 11 h 30. Mais si vous voulez continuer à discuter, j'anime des ateliers le jeudi et le mardi à 19 heures au Lotte Café Bistro en bas de l'Acropole. Disons que le lieu s'y prête pas mal. En attendant, je vous laisse une bouteille d'eau, ça vous fera du bien et c'est offert par l'hôtel.

Dans ma rétine, l'image de ces adolescents devant les cariatides. Je suis depuis deux jours à Athènes, pourtant, je viens seulement d'atterrir.

Au cœur de l'éclipse
Athènes-Cordoue, mois de mars

> *L'écriture est comme un puits caché d'une grande profondeur. Ce n'est que par l'interprétation des allégories, puis d'une allégorie à l'autre, que l'on noue des cordes pour y puiser.*
> MAÏMONIDE, *Guide des égarés*, 1190.

— Mais alors attendez, j'ai peut-être loupé un truc mais je ne comprends pas quelle est la différence entre « le monde sensible » chez Platon et « le monde sensible » chez Aristote. C'est n'est pas la même chose pour l'un et pour l'autre ?

L'assemblée réunie autour de la table me regarde avec cette patience forcée qu'on accorde aux jeunes enfants ou aux grands-parents. Les bruits de couverts m'empêchent d'entendre leurs soupirs, mais je ressens dans leur bienveillance une pointe d'exaspération. Ma présence à cet atelier de réflexion fait l'effet d'une invasion barbare dans l'harmonieuse cité grecque.

Seul Alexandre, impassible, reprend sa leçon sans sourciller. Voilà maintenant deux mois que celui qui m'est apparu comme un étrange réceptionniste bouclé tente de construire ma culture philosophique, en étant toujours prompt à accueillir mes incompréhensions.

— C'est une bonne question, Pénélope. Des relations entre Aristote et Platon, on retient en général leurs divergences. Déjà dans leur vie intime, tout les oppose. Platon est athénien, noble, professeur ; Aristote est étranger, orphelin, élève. Il y a ce tableau célèbre de la Renaissance *L'École d'Athènes*, peint par Raphaël, qui résume assez bien la situation. Tu le connais ? Au centre de la fresque, on voit Platon et Aristote, côte à côte. Le premier a le doigt levé vers le ciel des idées, et l'autre la main tendue en direction du sol, vers la nature, vers le monde sensible. Tout y est ! Ils sont proches, et néanmoins leurs visions sont différentes. Pour faire simple, Aristote, comme Platon, distingue le sensible de l'intelligible, ça, tu t'en souviens, non ? Sauf que lui refuse l'idée qu'il y ait d'un côté le monde terrestre et de l'autre des idées flottant dans le ciel. Au contraire ! Pour Aristote, les idées sont contenues dans le sensible. Tu vois ce verre, là devant toi ? Eh bien, il est en même temps une réalité et une idée. Matière et forme composent le réel, rien n'est séparé. Chez Platon, notre monde terrestre n'est pas la réalité véritable, alors que pour Aristote, il l'est totalement. C'est clair ?

— Ce que je comprends, c'est qu'Aristote ne croit pas du tout à la caverne. Mais du coup, comment peut-il rester élève d'un type avec qui il n'est pas d'accord ?

— Eh bien ils sont capables de débattre et de s'écouter, c'est un peu le principe de la philo, tu sais. C'est seulement à la mort de Platon qu'Aristote rompt avec les autres élèves de l'Académie. Il part en voyage, devient précepteur d'Alexandre le Grand, puis revient finalement ici, à Athènes pour ouvrir à son tour, en 335 av. J.-C., un véritable centre de recherche, qu'on appelle le Lycée. Ce qu'il faut retenir, c'est surtout qu'Aristote s'intéresse au monde autour de lui. Il étudie la zoologie, la politique, l'astronomie, la rhétorique... Il construit des savoirs qui influenceront les scientifiques jusqu'au Moyen Âge ! Tu écoutes, Pénélope ?

Impossible de me concentrer. Ce n'est pas que le propos d'Alexandre ne m'intéresse pas, mais disons que les divergences entre Platon et Aristote me captivent moins que la famille installée juste en diagonale de moi. Je n'arrête pas de les observer depuis qu'ils ont franchi la porte. Leur présence dans ce décor est incongrue. Le Lotte Café Bistro est l'un des exemples du renouveau de la ville. Un mélange parfait entre une ambiance conviviale et ce qu'il faut d'originalité pour attirer les jeunes Athéniens.

Un bar en marbre, des carreaux de faïence au sol, une vaste terrasse qui permet de désengorger l'intérieur, plutôt minuscule. Il y a peu de touristes, les locaux s'y retrouvent pour boire des verres et manger des pâtisseries dans des assiettes en porcelaine chinées au fil des brocantes. La cousine d'Alexandre y a travaillé au moment de l'ouverture. Et lorsque à son tour il est arrivé à Athènes, il a proposé d'y animer des ateliers philosophiques, fidélisant ainsi une clientèle prête à consommer des cocktails pour mieux saisir les enjeux métaphysiques à l'ordre du jour. Dans cette atmosphère étudiante, composée de jeunes Français en échange universitaire, il est donc plutôt rare de voir des couples avec enfants. Pourtant, ces trois-là semblent à leur place. Environ trente-cinq ans tous les deux, leur fils, lui, doit frôler les quatre ans. La mère a les cheveux châtains, un joli sweat à fleurs et des baskets fluo. Elle rit en commentant un guide aux deux hommes de sa vie qui l'écoutent religieusement. Le trio est complice et n'affiche aucun signe de fatigue, de nervosité, de tension. Pour un peu, tout cela pourrait être banal. Mais alors pourquoi me fascinent-ils autant ? Pourquoi suis-je absorbée par leur présence ?

Au cours des derniers mois avec Victor, en plus du mariage, la question des enfants est devenue un sujet central. Notre entourage se divisait en deux catégories : ceux qui en avaient déjà et ceux qui allaient en avoir bientôt. Les dîners étaient devenus des tribunes servant à déterminer la meilleure marque de poussette, la technique la plus performante pour endormir les bébés, ou encore les avantages du lait maternel. Chacun y allait de son témoignage, décrivant les nuits sans sommeil, les problèmes de garde, le quotidien dévorant. À croire que le bonheur de la parentalité était tellement évident qu'il ne se racontait pas, et qu'il valait mieux partager les galères. Victor et moi restions souvent à l'écart, incapables d'alimenter l'expertise sur les chauffe-biberons, silencieux jusqu'à ce que quelqu'un prononce le fatidique : « Bon et vous, c'est pour quand ? » Il fallait alors fournir une réplique audible, ou mieux, sourire en laissant sous-entendre que tout cela n'était qu'une question de mois.

— Alex, t'es certain que ta copine comprend le français ? J'aimerais reprendre sur le stoïcisme et pas me demander à chaque séance si elle fait un malaise ou si elle est juste en permanence à côté de la plaque !

Théana venait me rappeler à l'ordre et elle avait raison. Elle était une habituée et moi, je ne faisais que retarder le groupe. Mon ignorance entravait le programme qu'ils avaient fixé, et de surcroît, je décrochais, alors qu'on répondait à mes propres questions. Je n'étais pas excusable. Mon attitude n'avait pas d'autre intérêt que confirmer à l'auditoire combien le chagrin rend égocentrique. L'indulgence d'Alexandre à mon égard n'était certes pas juste vis-à-vis des autres, mais elle était conditionnée par le fait que je lui racontais tout. Depuis cette fameuse scène dans ma chambre d'hôtel, j'avais décidé de lui donner un accès total à mon cerveau et à toutes les pensées confuses qui le traversaient. Très vite, nous avions envisagé la collocation. La division du loyer lui permettait de faire moins d'heures à l'hôtel, et ainsi d'avancer sur ses apprentissages. De mon côté, sa présence, comme mon job d'appoint chez Tonia, me donnaient l'illusion de construire quelque chose ici. Et puis surtout, il avait le courage de m'écouter pendant des heures, et gardait une distance rassurante, dépourvue de tout jugement.

— Pénélope, je te laisse découvrir si tu le souhaites les textes d'Aristote. Tu verras que dans sa pensée, tous les vivants, y compris les plantes, ont une âme. L'âme et le corps sont reliés. À l'inverse, chez Platon, l'âme est un intermédiaire entre le corps et les idées. Bref, Théana voulait revenir sur le jardin d'Épicure. Moi, je vais reprendre un ouzo. Quelqu'un veut quelque chose ?

Alexandre était un véritable capitaine. Infatigable, il savait garder son cap, satisfaire son public en quête de contenu, tout en me sortant d'affaire. Je pouvais désormais reprendre mon observation sans m'attirer les foudres des autres, à commencer par celles de Théana.

— En 306 av. J.-C., Épicure, originaire de l'île de Samos, s'installe lui aussi à Athènes. Il achète une propriété entourée d'arbres, et fonde bien plus qu'une école, disons qu'il crée une communauté...

Sa voix se déforme, lointaine. Maintenant, le couple et l'enfant partagent une tarte aux champignons et un flan à la carotte. Ils sont d'une décontraction sidérante. Bien plus que ceux que je vois habituellement. Ils me déstabilisent. Cette réalité sensible qui se joue devant moi bataille avec l'idée que j'ai de la famille. C'est avec eux que j'ai envie de faire un atelier. Je veux comprendre. Comment ont-ils fait ? Je me moque des poussettes et de la stérilisation des biberons, je veux savoir comment ils sont parvenus à surmonter leurs peurs et avoir l'air si heureux. Car c'est bien la peur qui me ronge. La plupart des gens font comme si devenir parents était la continuité du couple, un accomplissement autant qu'une formalité. Un élan naturel qui nous relie les uns aux autres depuis des millénaires. Mais pour moi, ce n'est rien de tout cela. Le jour où Victor m'a dit qu'il voulait un enfant, j'ai été prise d'une crise bien plus violente que mes habituels malaises. L'avenir est devenu un grand trou aveuglant. Un tourbillon de craintes, déclenché par le simple usage du mot « grossesse ». Peur d'avoir trop mal. Peur de mourir. Peur de ne pas y arriver. Peur d'y arriver trop vite. Peur de mon corps vide autant que de mon corps plein. Peur de ressentir. Peur d'étouffer et de l'étouffer. Peur de mon indifférence. Peur de ne pas trouver ma place. Peur de l'après qui n'est qu'un commencement. Et peur d'ajouter un trait d'union entre Victor et moi, un trait qui attache en même temps qu'il sépare. Comment ont fait mes parents ? mes oncles ? mes tantes ? mes amis ? l'ensemble de la civilisation avant moi ? Tant de questions, impossibles à formuler sans être intrusive ou sans passer pour une mère prête à défaillir avant même de l'être. J'avais préféré fuir. Ou plutôt laisser Victor fuir. Parmi tous les sujets qu'avait abordés Aristote, avait-il envisagé celui-là ?

— On garde d'Épicure l'image d'un philosophe bon vivant. Pour lui, le bonheur est dans le plaisir, mais pas n'importe lequel. Le bonheur est défini négativement comme absence de souffrance de l'âme et du corps. Attention, ce n'est pas un excès, vous l'avez compris, c'est une absence de douleur...

Lointain puis plus proche, le timbre d'Alexandre me fait l'effet d'une radio au volume mal réglé. L'atmosphère au café devient suffocante. Je caresse mon téléphone portable. Je n'ai plus qu'une obsession, envoyer un texto à Victor, lui décrire cette famille, me confondre en excuses, et lui dire que moi aussi, je pourrais devenir cette femme en sweat à fleurs, capable de rire avec son fils et son mari. Comme chaque soir, je saisis le téléphone et rédige un message. Et comme chaque soir, au lieu de l'envoyer à mon amour outre-Atlantique, je l'envoie à Tonia, garante de ma correspondance à sens unique. C'est une procédure que nous avons établie entre nous. Elle s'engage à ne pas les ouvrir, à ne pas m'en parler. C'est une sorte de sas de sécurité qui me permet de me soulager tout en évitant de regretter mes paroles impulsives et de vouloir me jeter du haut de l'Acropole : « Tonia garde les tartes et les mots dans le frigo, ma chérie. » Je me faufile pour m'asseoir en terrasse. La rue est animée, nous ne sommes qu'en mars et pourtant, quelque chose dans l'air tire déjà vers l'été. L'agitation me fait du bien, brouille l'image de cette famille. Je range mon téléphone et commande un autre verre. Je laisse le soir s'étendre, bercée par sa douceur.

Soudain, quelqu'un déplace la chaise en face de moi. Je redresse le visage et me retrouve nez à nez avec Théana. Il y a des individus dont le charisme s'impose, ce n'est pas de la sévérité, mais une force impériale, quelque chose de si intense qu'on a du mal à soutenir le regard.

C'est le cas de Théana. Grande, brune, mâchoire parfaitement dessinée. Deux immenses yeux noirs, qui se plantent dans les miens. Je déglutis. Je me sens un peu idiote, je sais que je l'ai agacée et que son énervement est légitime. Je ne peux pas esquiver la conversation, mais ce n'est pas l'envie qui m'en manque, alors, comme souvent quand tout me semble inconfortable, mon esprit s'emballe, et je me retrouve à balbutier des mots encore plus gênants que le silence :

— Ça va ? Super ce qu'il a fait, cet Épicure ! C'est dingue !

J'ai tellement honte de ma réplique ! J'aimerais reprendre tous mes mots et les planquer sous la table. L'avantage, c'est que Théana ne relève même pas. Elle prend une respiration et articule calmement :

— Tu as fini ton verre, Pénélope ? J'ai envie de t'emmener quelque part.

La formulation n'a rien d'une question. C'est un ordre et je le prends comme tel. Le verre est fini, elle l'a bien vu. Je tente de faire fondre les glaçons, espérant qu'elle disparaisse, même si j'ai déjà compris que je n'ai pas d'autre option que de la suivre.

— Oui, c'est bon, je vais régler, j'arrive !
— Je l'ai fait pour toi. Prends ton sac. On y va.

Je déglutis de nouveau, un peu plus bruyamment. Théana est une gladiatrice. J'ignore quel combat elle veut mener, mais je peux déjà déclarer forfait. Je ne sais pas grand-chose de sa vie. Les autres participants sont plus volubiles, plus bavards, ils se dévoilent avec sympathie. Les ateliers d'Alexandre sont pour eux une agréable distraction, l'occasion de passer un bon moment, d'échanger des points de vue divers. Rien à voir avec l'approche de Théana. Ses interventions ne concernent que la philo, et elles sont toujours précises, pertinentes, argumentées. La seule information dont je dispose sur elle est qu'elle dirige une ONG, une organisation non gouvernementale, qui œuvre, je crois, en faveur de l'éducation. C'est vaste. De cette activité, je ne retiens que le terme « diriger » qui lui va si bien. Alexandre aussi demeure très flou à son sujet, si flou que je pourrais croire qu'il y a eu une histoire d'amour entre eux, mais je n'ai pas osé poser la question, par crainte une fois encore que ma futilité entache leur intelligence.

Théana se met en route. J'essaye de suivre ses pas. Elle ne marche pas, elle enjambe le sol. Droit devant, concentrée sur sa cible imaginaire. Ses jambes sont longues, les pans de son imperméable beige forment comme une traîne. En réalité, plus qu'une gladiatrice, c'est une reine, elle n'est pas là pour faire la conversation. Je n'ai aucune idée de l'endroit où elle m'emmène. Servante docile, je me concentre sur mon souffle pour tenir le rythme. Les rues que nous empruntons sont sombres, leur faux plat devient de plus en plus pentu, l'ascension est interminable. Je transpire, je ne sais pas où mettre mon sac. Théana avance sans une seule hésitation. La nuit est son palais. Nous en sommes au moins à deux kilomètres de randonnée qui me font regretter mes verres. Et puis, enfin, elle ralentit, contourne un bloc de pierres et passe par-dessus un petit muret. Je l'imite, ma fatigue est telle que je profite de ce répit pour retrouver des battements cardiaques plus raisonnables. Elle avance au milieu de ce qui ressemble à un grand terrain vague, l'obscurité ne dévoile que des monticules que je suppose être des ruines.

— Pénélope, sais-tu où nous sommes ?

La déesse a enfin parlé. Je me dispense de toute réponse.

— Nous sommes sur le site archéologique qui abrite ce qu'il reste du Lycée fondé par Aristote en 335 av. J.-C. Le lieu a été découvert en 1996, au cours de travaux de déblaiement d'un terrain destiné à ériger un musée d'art moderne. Les pelleteuses ont commencé à buter sur des blocs de pierre, et les spécialistes se sont aperçus qu'il s'agissait des vestiges du fameux Lycée, détruit en 86 av. J.-C. par des troupes romaines, et dont on recherchait la trace depuis des siècles. La plupart des touristes le visitent en dix minutes, simplement parce que c'est inclus dans le billet « Acropole tour », ils prennent trois photos, en profitent pour boire un peu d'eau et s'en vont. Après tout, la Grèce est remplie de ruines plus majestueuses, celles-ci ne sont pas très parlantes. Moi, je crois au contraire que cet espace mérite le plus solennel des recueillements.

Elle marque une pause. Ses mots résonnent, l'émotion inonde le lieu. Elle expire et reprend. Tout son corps est sous tension.

— Je t'observe depuis que tu es ici et que tu viens aux ateliers. Que crois-tu ? Qu'il suffit de changer de décor pour changer de vie ? Savoir dire trois trucs en grec et trouver un petit boulot pour se sentir exister ? En quelques semaines, tu as recréé tes habitudes et ton confort, mais tout ça n'est que surface. Tu te donnes bonne conscience en venant écouter de la philo, mais la seule chose qui t'intéresse c'est d'avoir l'attention d'Alexandre. Sauf que tu ne comprends pas ce qu'il dit, parce que tu n'écoutes pas. La pensée t'indiffère. Au mieux tu retiendras une phrase par-ci, une phrase par-là. Tu les noteras dans un cahier et tu les oublieras le lendemain. Tu crois que ce n'est pas ton affaire. Tu n'entends pas. Pourtant ce qu'Alex essaye de nous transmettre chaque semaine, c'est justement que l'histoire de la philosophie nous concerne tous ! Qu'on y participe. Ce n'est pas un savoir, pas une discipline, c'est un enjeu. Comprendre le passé, c'est comprendre l'avenir. Tu veux savoir qui tu es ? Alors concentre-toi sur ce qu'il y avait avant toi ! Comment nous en sommes arrivés là !

Théana s'est presque mise à crier. Il n'y a pas de violence dans son propos, plutôt une sorte d'urgence remontant des tréfonds de la terre. Son monologue transperce le ciel de plus en plus noir.

— L'âme, le corps, la vérité, la beauté, l'amour, l'autorité, la politique, l'éthique ne sont pas que des concepts, ils se logent dans chacune de nos cellules, coulent dans nos veines. Ce que tu penses aujourd'hui est issu d'une longue histoire. Ce qu'ont écrit Platon, Aristote, Épicure, Zénon et tous les autres, a modifié la face de notre monde. Leurs travaux nous ont conduits à des actions qui laissent une trace indélébile sur nos vies et nos sociétés. Plus de deux mille ans nous séparent, mais nos doutes sont les mêmes. Ils sont les tiens, Pénélope ! Où va l'âme après la mort ? Qu'est-ce que la vertu ? Que signifie aimer ? Comment être juste ? Peut-on supporter ce qui est insupportable ? Pénélope, les philosophes te parlent. Ils s'adressent à toi. Oui, à toi ! La philo n'est pas une théorie abstraite, c'est une manière de vivre qui engage toute l'existence. Tu es un maillon de cette longue chaîne. Nous sommes la réalité.

Je repense à Alexandre et au *Banquet* qu'il voulait me faire lire le soir de notre rencontre. Il me l'a offert quand j'ai emménagé avec lui, mais je ne l'ai pas ouvert une seule fois. Sans doute la crainte de ne pas comprendre. La couverture est restée scellée, disposée à recevoir les particules de poussière de ma table de nuit.

— Maintenant, regarde autour de toi. Comment allons-nous continuer à faire vivre ce souffle de la pensée ? Pénélope, tu n'es pas ici par hasard. Tu veux vivre quelque chose, ton cœur brûle, ta tête t'assaille de réflexions, mais tu refuses d'aller plus loin, tu refuses de plonger. Tu restes spectatrice et tu rumines. C'est ça, ton grand voyage ? Tu sais, chaque individu a un rôle à jouer. Chaque personne peut utiliser la force de son esprit pour devenir acteur de son existence et du monde qui l'entoure. Ensemble, à force de réflexions et d'actions, nous ferons de ces ruines un palais. Voilà pourquoi je me bats et j'ai envie que tu te battes avec moi.

Le regard de Théana est tendu vers moi, ses pupilles se dilatent et donnent à son regard une tout autre intention. Ce n'est plus une guerrière mais une petite fille qui espère. Son nez frémit, sa respiration est saccadée, elle peine à tenir debout. J'ai envie de la serrer dans mes bras. C'est à mon tour de la guider vers une pierre sur laquelle nous asseoir. Je lui tends une bouteille. Elle en boit quelques gorgées, puis elle reprend :

— Je te l'ai dit, en 86 av. J.-C., le Lycée d'Aristote disparaît, mais ce n'est pas la même histoire pour l'école platonicienne. Elle est refondée au IVe siècle et devient célèbre dans toute la Méditerranée. Imagine ! Des étudiants de toutes les origines s'y pressent. Le penseur Damascius gère l'établissement et le rend très actif. La situation a beau ne pas être évidente, ça n'empêche que ce qu'il s'y passe influence de très nombreux penseurs. Le problème, c'est que l'école est païenne, et qu'à cette époque Athènes est de plus en plus christianisée. Au VIe siècle, l'empereur Justinien met en place un code avec des règles très strictes destinées aux païens, exigeant entre autres qu'ils se baptisent et donnent une éducation chrétienne à leurs enfants. Les philosophes de l'école d'Athènes résistent, ils refusent de limiter leurs travaux à des pensées chrétiennes. Alors pour les punir, en 529, Justinien fait paraître un décret. Il interdit l'enseignement de la philosophie. Évidemment, tous les platoniciens quittent Athènes... Et voilà, c'en est terminé de la philo antique. La pensée subit une longue éclipse.
— Où est-ce qu'ils vont ?

— En Perse. Damascius et ses disciples s'installent à la cour du roi Chosroès Ier. Là-bas, ils ont une liberté inouïe. La plupart des textes sont traduits en syriaque puis en arabe. Ce qui expliquera qu'au Moyen Âge on retrouve les travaux des auteurs grecs à Bagdad mais aussi à Cordoue ! Tu te rends compte du périple qu'il leur a fallu pour revenir en Occident ? Enfin, bon... Il est tard, je vais me coucher. J'ai un projet à te proposer. Retrouvons-nous demain après ton service chez Tonia. Dis à Alexandre de venir aussi. Bonne nuit.

Elle se lève et me laisse là au milieu des décombres qui maintenant me semblent plus vivants que jamais. C'est étrange, je pourrais être sonnée par ce qu'il vient de se passer, blessée par la brutalité des mots de Théana, par son mépris à l'égard de mes tentatives, pourtant, je ne ressens rien de tout cela. Je me répète simplement ses paroles : « Chaque personne peut utiliser la force de son esprit pour devenir acteur de son existence et du monde qui l'entoure. » Quel est mon rôle à moi ? Je n'en sais rien, pas plus que ce « projet » qu'elle veut me proposer, mais j'ai envie de le découvrir. Une envie qui pour une fois dépasse mes peurs.

Le sommeil fut léger, entrecoupé de visions de Damascius sur un cheval en train de gravir l'Acropole au galop et de bébés accrochés aux nuages. En sortant de la salle de bains, je remarque qu'Alexandre est déjà parti. Je lui envoie un texto : « Rdv 17 h avec Théana chez Tonia », sa réponse est immédiate : « Pardon ? » Je savoure mon effet de surprise. Je suis légère, rieuse, avec à peine quelques courbatures aux cuisses après la randonnée d'hier. Arrivée au Café Yiesami, je constate que Tonia partage ma bonne humeur.

— Petite princesse de Paris ! Regarde ce que j'ai fait aujourd'hui avec la menthe du jardin. Tiens, goûte ça !

Elle me glisse une minuscule tarte aux fraises dans la bouche. La fraîcheur mentholée sublime le goût des fruits et la crème au citron laisse planer une douceur acidulée.

— Tonia, tu as entendu parler de Damascius, toi ?
— C'est une recette ? Dis-moi ce qu'il y a dedans, je vais te la faire, princesse. Et tiens, prends le dernier morceau. On a besoin de forces.

Tonia est incroyablement douée. Il y a une sorte d'évidence dans tout ce qu'elle exécute. Sa grand-mère vendait des fruits et des légumes, et dès son plus jeune âge elle s'entraînait à composer des plats avec les invendus. Son apparent désordre cache une véritable expertise, une maîtrise parfaite des éléments. Plus je la découvre, plus elle me surprend. Elle travaille avec acharnement, sans jamais perdre son audace, son courage, sa force vive. Elle ignore qui est Damascius, est sans doute indifférente à Aristote, mais elle sait être actrice de sa vie et de son monde. Comment fait-elle ? Je n'ai pas le temps de m'attarder, les clients sont nombreux et le service est intense. Depuis deux semaines, elle a convaincu un guide qu'elle connaît de venir faire une pause au café pendant ses visites. Les touristes sont ravis, non seulement ils soufflent un peu, mais surtout, ils profitent du spectacle. Elle s'en donne à cœur joie, chantonne, esquisse même des pas de sirtaki. La danse, d'apparence traditionnelle, a en réalité été créée en 1964 pour le film *Zorba le Grec* de Michael Cacoyannis. L'absence d'authenticité n'empêche pas le plaisir, Tonia jubile.

Quand Théana franchit la porte, on est encore en train de faire la vaisselle. Je l'épie depuis une petite percée de la cuisine donnant sur la salle. Je ne l'ai jamais vue ici, mais son attitude montre qu'elle cerne les lieux avec précision. Elle a repris de la vigueur depuis hier soir, et circule entre les tables avec cette détermination que je lui connais. Étrangement familière, elle passe derrière le comptoir, saisit un verre, un morceau de gâteau et s'installe près de la fenêtre. Alexandre entre à son tour, la salue en l'embrassant sur une seule joue, puis lui glisse un mot à l'oreille. Mes hypothèses au sujet de leur relation se ravivent. Leur lien n'est pas celui d'un prof d'atelier et de son élève. Je dois enquêter, mais pour éviter tout soupçon, je me sèche les mains et les rejoins, impatiente de connaître la teneur de la conversation.

— Alexandre, tu veux quelque chose ? Théana, je vois que tu es servie. Tonia a fait de nouvelles tartes à la menthe, il en reste une. Ça s'appelle... des Damascius !

Ma plaisanterie ne fait rire que moi. Alexandre et Théana ont l'air grave. Ce n'est pas comme ça qu'ils vont donner envie aux gens d'étudier la philo. Je rapporte deux verres de thé glacé et me pose à leur table.

— Voilà, Pénélope. Comme tu le sais, je travaille dans une ONG qui participe à la création de programmes éducatifs. L'objectif est simple, établir des parcours de formation pour permettre à des jeunes en rupture avec le système scolaire d'apprendre autrement. Les profils sont variés, mais il y a une constante, c'est qu'ils souffrent et qu'ils sont perdus. Ils n'ont pas confiance en eux ni en la société. Pour l'instant, nous proposons des structures d'accueil, des ateliers d'expression, des accès à des thérapeutes... C'est bien et ça fonctionne, mais je veux aller plus loin. Je veux créer un parcours de formation philosophique. Amener la philo là où on croit qu'elle n'a pas sa place et montrer que la réflexion aide à grandir, à se construire, à gagner confiance en soi. La philo, je te l'ai dit, conditionne notre avenir individuel et collectif ! Je veux recréer le Lycée d'Aristote. C'est compliqué à mettre en place, pourtant j'y crois. Oh oui, plus que jamais j'y crois ! Sauf que j'ai besoin d'aide, je ne peux pas être partout ! J'ai besoin de coordinateurs pédagogiques pour promouvoir notre démarche, faire comprendre que la pensée n'est pas réservée à l'élite. Alexandre est d'accord pour me seconder sur place, il a déjà commencé à travailler sur les étapes clés. Mais j'ai aussi besoin de toi. Il faut que tu trouves des intervenants dans toute l'Europe. Des gens qui puissent venir ici transmettre leur passion, leur savoir, leur culture, leur amour de la philo, et surtout, donner de l'élan à ces jeunes. Je veux créer un lieu de rencontres, d'échanges, un lieu ouvert sur les autres. Nous avons déjà identifié les villes incontournables dans l'histoire de la philo : Cordoue, Florence, Amsterdam... Tous les lieux où, comme ici, l'effervescence de la pensée a transformé les choses.

— Mais... Mais je n'y connais rien ! Je ne peux même pas lire trois lignes sans penser à autre chose. Tu me l'as toi-même dit hier ! Comment je peux aider qui que ce soit ? Je suis aussi perdue qu'eux.

— Justement, je ne cherche pas une lectrice mais quelqu'un capable de ressentir. Il s'agit de récits, d'histoires, de passions. Une odyssée, Pénélope, une odyssée... ! Trouve-moi dans chaque ville la personne apte à expliquer aux générations futures pourquoi il faut continuer à réfléchir, à oser, à espérer, à travailler ! Tu es la candidate idéale pour ça.

Théana se remet à crier comme hier, la conviction active ses cordes vocales. Alexandre prend la suite. De mon côté, j'essaie de digérer les informations.

— Oui, Pénélope, Théana a raison. Il me semble que c'est un rôle taillé sur mesure, je l'ai su très vite. Tu es sensible, en quête de quelque chose qui t'échappe. Tu as envie de comprendre et de voyager. Tu vas rencontrer des individus remarquables, j'en suis certain, aiguiser ton esprit et participer à un projet exceptionnel. Tu n'es pas seule, on va t'aiguiller. Je serai un relais permanent. La jeunesse a besoin de savoir d'où elle vient pour mieux appréhender le futur, donnons-leur cette colonne vertébrale. Et peut-être que par la même occasion, tu trouveras aussi la tienne.
— Les budgets doivent être votés très bientôt, je me bats, mais *a priori* nous accueillons la première classe pilote en septembre prochain. Il faut faire vite. Je te propose de commencer par Cordoue, c'est dans l'ordre chronologique et pas trop loin. J'ai un contact qui pourrait peut-être correspondre au profil que nous

cherchons. Et puis comme ça, tu sauras ce que sont devenus les textes d'Aristote. Tiens, maman, tu peux nous apporter autre chose à manger ? J'ai encore faim.

— Attends, j'ai bien entendu ? Tonia est...
— Ma mère, oui. Bon, tu acceptes ou non ?
— Alors, Pénélope ?

À un moment dans l'*Odyssée* d'Homère, il est écrit qu'« on se souvient tous les jours de sa vie de l'hôte qui vous a montré de la bienveillance ». Je ne sais pas si ici il est question de bienveillance ou d'une certaine folie, mais en voyant ces deux paires d'yeux suspendus fébrilement à ma réponse, je ressens pour eux, dans mon âme autant que dans mon corps, une tendresse infinie.

— Petite princesse ! Tu vas apprendre le sirtaki aux touristes espagnols ! Allez, venez les enfants, il faut terminer la vaisselle !

C'est ainsi que six jours plus tard, au tout début du printemps, j'ai atterri à Málaga avant de prendre un bus pour Cordoue.

Concilier l'inconciliable
Cordoue, mois de mars-avril

> *Il est plus beau de transmettre
> ce qu'on a contemplé que de contempler seulement.*
> Saint Thomas d'Aquin,
> *Somme théologique*, 1266.

« Ce n'est pas du tout ce qui était prévu », quelques mots pour signifier à la propriétaire de l'auberge que la chambre n'est pas tout à fait conforme à la description de son site Internet. Loin de la « spacieuse baie vitrée » annoncée au moment de ma réservation, je me retrouve en face d'une lucarne, accessible en me mettant sur la pointe des pieds. Indifférente ou peut-être habituée à ce genre de remarques, la logeuse se contente de me tendre la clé. Loin du charme arabisant décrit dans mon guide acheté à l'aéroport, mes premières secondes à Cordoue ressemblent à celle d'un étudiant Erasmus qui aurait mal préparé son échange. Douche à l'hygiène douteuse, canapé taché d'huile et traces d'humidité au mur, les signaux sont suffisamment clairs pour me pousser à aller faire un tour dehors.

Je ne connais pas Cordoue, mais l'Espagne m'est familière et j'aime sa langue que je maîtrise plutôt bien. Ce pays appartient même à la longue liste des souvenirs fondateurs que j'ai avec Victor. Dans la catégorie des inoubliables, il y a ce premier voyage payé avec nos boulots d'été, à l'époque où les efforts des mois de juillet et août se convertissaient en plaisirs de septembre. Déjà passionné d'architecture, il avait voulu que nous passions deux semaines à Barcelone pour voir les réalisations de l'architecte Antoni Gaudí. De la Sagrada Familia au parc Güell, il ne se lassait jamais de m'expliquer le caractère extraordinaire de chacune des céramiques, le génie des couleurs ou la prouesse des formes arrondies. Je visitais la ville à travers son regard, comme le font les amoureux, non pas insouciants, mais confiants en leur capacité d'être différents des autres. Nous marchions, parlions, mangions, et rien ne semblait jamais pouvoir entraver la douceur de la saison. Une après-midi, cédant à l'insistance d'un vendeur ambulant, Victor m'avait acheté un porte-clés en forme de salamandre multicolore, figure emblématique du travail de Gaudí. En me la remettant entre les mains, d'un ton ironiquement solennel, il avait déclaré : « Par la présente salamandre, je nous déclare pour le meilleur et pour le meilleur, mari et femme.

Messieurs les vendeurs ambulants, vous êtes témoins de cette union, maintenant trinquons tous ensemble ! » Nous nous étions levés, entrechoquant nos verres en plastique remplis d'orxata, une sorte de lait végétal, aussi sucré que l'étaient nos baisers. Une décennie s'était écoulée depuis nos noces improvisées, mais au cours de toutes ces années, cette salamandre avait su rester un talisman, la gardienne de nos promesses, et chaque fois que je la palpais de mes doigts, la chaleur de notre amour barcelonais me revenait. Alors qu'est-ce qui nous était arrivé ? Pourquoi la salamandre ne suffisait-elle plus ? Quel niveau d'incompréhension fallait-il avoir pour se quitter ? Pour ne pas oser affronter la vie d'adulte ? Était-ce une malédiction ? Le sort irrémédiable qui s'abat tôt ou tard sur les couples ? À quel moment avions-nous cessé d'admirer la ville ensemble ? « Ce n'était pas du tout ce qui était prévu. »

Perdue dans ma mémoire, je m'aperçois soudain que mes pas ne sont pas à Cordoue, mais qu'ils résonnent encore dans les ruelles de Barcelone. Il faut à tout prix que je les ramène ici, car plus qu'une visite touristique, je dois m'exercer à comprendre la ville, à repérer les lieux pour aller à mes prochains rendez-vous sans trop d'hésitation. J'ai l'impression d'être en permanence coupée en deux. La Pénélope de Victor vampirise la Pénélope actuelle. La bataille interne fait rage, l'espace-temps est schizophrène. Mais malgré mon esprit embué, en quelques coups d'œil je saisis à quel point Cordoue est une ville majestueuse. J'accroche la clé de ma nouvelle chambre à la salamandre que j'ai toujours avec moi, et je me replonge dans mon guide, comme pour sous-titrer la beauté qui s'impose tout autour. Au fil de ma lecture, j'apprends que son heure de gloire remonte au VIIIe siècle, après sa conquête par les Maures. C'est ainsi qu'on appelait chez les Romains les Berbères d'Afrique du Nord. Très vite, ils construisent près de trois cents mosquées, en plus des palais et des édifices publics, qu'ils bâtissent de toutes parts. Ils ont en tête un objectif simple, celui de rivaliser avec les splendeurs de Constantinople, de Damas, de Bagdad, et de cette façon d'asseoir la domination musulmane en Occident. L'opération fonctionne, car jusqu'au Moyen Âge c'est toute la péninsule Ibérique qui connaît un apogée culturel et économique. Le territoire baptisé Al-Andalus subjugue par son effervescence scientifique et philosophique. Mais au XIIIe siècle, sous l'impulsion du roi catholique Ferdinand III, bien déterminé à mettre un terme à ce rayonnement, Cordoue est l'objet de multiples attaques. Et parce que l'histoire a toujours besoin de symboles, il décide de transformer la plus grande mosquée en cathédrale, et d'édifier de nouvelles constructions défensives, comme l'Alcázar et la tour-forteresse de la Calahorra, qui sont aujourd'hui des sites mille fois visités. Je tourne les pages comme un livre de contes, j'ai l'impression d'être plongée au cœur d'une épopée. J'ignore à peu près tout de cette époque, je n'avais jamais entendu parler d'Al-Andalus ou de la dynastie des Almohades. Alors que mon imaginaire se représente facilement l'Antiquité grecque, j'ai du mal à visualiser ce qu'il s'est passé ici, à comprendre la manière dont les gens travaillaient, parlaient, écrivaient ; près de cinq siècles m'échappent, je suis piquée dans ma curiosité.

N'ayant aucune envie de retourner dans ce qui me sert de chambre, je me mets en quête d'un café disposant d'une connexion Internet. Théana, d'une organisation exemplaire, a prévu de faire quotidiennement un point avec moi pour mettre à jour la liste des contacts à rencontrer et me donner des précisions sur les avancées du projet. De son côté, Alexandre a proposé d'endosser plus que jamais son rôle de professeur me familiarisant avec les périodes que nous allons proposer dans le programme. Loin de me contraindre, cet arsenal autour de moi me rassure, me donne un cap. Je ne sais pas trop dans quoi je me suis embarquée, mais je sais au moins avec qui. Tonia, Théana et Alexandre sont pour l'instant les seuls repères de ma nouvelle existence. Voilà plus de deux mois que je suis partie de Paris, et malgré des messages réguliers, les photos envoyées et les quelques appels, je sens que le lien avec ma famille et mes amis peine à trouver sa nouvelle cadence. Que dire ? Que raconter ? Que répondre à « alors c'est comment ? » ? Aucun de mes textos ou de mes coups de fil ne semble fidèle à mes pensées. Quand je suis enjouée, j'ai la sensation de manquer de naturel, de jouer à la grande, celle qui veut montrer qu'elle a bien fait de s'en aller sans aucun plan de prévu. Je force l'enthousiasme, je parade, et cette mise en scène crée un voile de distance entre mes proches et moi. Mais quand je me laisse aller au mal du pays, quand je craque et que j'exprime qu'ils me manquent, que Victor me manque, que mon appartement me manque, que mes meubles me manquent, que même mon libraire me manque, je sens la panique les envahir à nouveau, la peur que je retombe dans ma spirale infernale, dans ce chagrin de l'année dernière qui les a laissés si démunis. Alors je culpabilise, et je compense le lendemain en feignant une joie soudaine, un élan miracle. J'envoie des selfies tout sourire comme si j'étais une simple touriste ravie de ses vacances. Je soupçonne mes parents et ma tante d'adopter la même stratégie, de dissimuler ce que je devrais peut-être savoir, et de ne livrer qu'une version officielle. Cécile de son côté ne me donne aucune nouvelle, seule sa mère joue l'intermédiaire et insiste sur le fait qu'elle est très occupée. La distance nous installe dans un cercle vicieux, une boucle relationnelle où chacun interprète un rôle pensant faire plaisir à l'autre. L'avantage d'Ulysse était sans doute qu'il n'avait pas de téléphone ni d'adresse mail. Il n'avait pas à gérer ce fichu entre-deux, cette absence qui feint la présence. Pourtant, malgré tous ces écueils, j'ai envie de leur écrire, de leur raconter Cordoue et les Almohades. Je longe le Guadalquivir en faisant claquer les syllabes dans ma tête. Ce n'est pas un nom de fleuve, c'est une formule magique, un marqueur de ce passé arabe qu'il me tarde de découvrir.

J'entre dans le Maddow Coffee Shop, situé au rez-de-chaussée d'un charmant immeuble à la façade blanche et bleue. Il n'a rien d'arabisant ni d'ibérique, mais il a le mérite d'afficher très ostensiblement son code wifi et de servir des jus d'ananas. Depuis mon expérience chez Tonia, je suis très attentive au service dans les cafés, à la gestion des équipes, aux liens qui lient les serveurs entre eux, je me sens plus complice, comme prise dans la confidence. Ravie, j'installe mon bureau provisoire. L'ordinateur au milieu, le carnet à droite, la trousse et l'agenda à gauche. Le code qui doit me relier au monde a de quoi faire sourire : « CarpeDiem01234 ». À peine le réseau est-il installé sur mon ordinateur et mon téléphone que de multiples notifications retentissent. Comme prévu, le nom de Théana s'affiche en premier :

« From : theanapedritis@gmail.com
To : penelopedessauges@yahoo.fr

Salut Pénélope,
J'espère que tu es bien arrivée. J'ai passé les coups de fil comme convenu. Le temps presse. Le programme passe en commission auprès du ministère de la Culture dans deux semaines, pour l'instant, nous avons un budget pour accueillir vingt élèves entre 15 et 20 ans. Je compte bien faire grossir les chiffres mais pour ça, j'ai besoin d'un truc solide.

Je t'ai fixé un rendez-vous demain matin à 9 heures à l'université de Cordoue, il s'appelle Ambrosio Aguilar. Pas très chaleureux mais très impliqué dans les causes associatives et spécialiste d'Averroès. Débrouille-toi pour le faire venir au moins deux semaines à Athènes, c'est lui aussi qui sera en charge de la partie scolastique. On peut lui payer le voyage, le logement, mais pas le reste. Bon, tu arriveras à le convaincre, non ?

A + »

Au regard du ton employé par Théana, je me dis que si elle considère Ambrosio Aguilar comme peu chaleureux, c'est qu'il doit être franchement glacial. Je sens ma colonne vertébrale se raidir. Je ne vois pas comment je peux convaincre un spécialiste de travailler gratuitement quand ma seule connaissance de l'Andalousie repose sur trois pages d'un guide touristique. Quant au terme « scolastique », il me semble aussi mystérieux que les accents lointains du Guadalquivir. Les yeux rivés sur l'écran, je tente d'ignorer un instant l'ordre de mission de Théana en ouvrant les autres mails. Les lignes en gras se succèdent, quelques publicités, un mail d'un ancien collègue qui me demande mes bons plans à Athènes, un autre de mon père mentionnant un article sur une colonie d'oiseaux migrateurs ayant atterri sur une île grecque, et enfin celui d'Alexandre. Je clique en espérant, même à distance, que son calme puisse me réconforter.

« From : alextecraso@gmail.com
To : penelopedessauges@yahoo.fr

Ma chère Pénélope,
Comment vas-tu ? C'est une vraie question ! Te voilà partie depuis deux jours à peine, mais je dois avouer que le canapé et moi nous sommes déjà en manque de ta présence bavarde. À part ça, tout va bien. Les choses sont fluides, le quotidien semble connaître son scénario. Les clients sont de plus en plus nombreux à l'hôtel, la saison commence. Hier, l'atelier a été particulièrement suivi, on ne savait plus où mettre les gens. Il va bientôt falloir s'installer sur la terrasse. Nous avons été rejoints par trois nouveaux participants. La séance était consacrée

aux stoïciens. Enfin, plus précisément à Marc Aurèle. Tu sais qu'en 146 apr. J.-C., alors qu'il doit déjà devenir empereur, c'est grâce à un de ses profs qu'il découvre les écrits d'Épictète ! L'un des plus grands penseurs stoïciens ! Pour lui, le stoïcisme commence avec une distinction fondamentale qu'il faut savoir faire : ce qui dépend de nous et ce qui n'en dépend pas. Disons, par exemple, qu'être né riche ou pauvre, blond ou brun, malade ou bien portant, eh bien, rien de tout cela ne dépend de nous. Pareil quand tu n'as pas eu de bus pour aller à Ithaque, ça ne dépendait pas de toi. La seule chose en notre pouvoir, c'est ce qui se passe dans notre âme : ce que nous pensons et ce que nous décidons... Confondre ce qui est en notre pouvoir et ce qui ne l'est pas, ça nous condamne au malheur, on s'angoisse alors que ça ne sert à rien. Si on souffre, c'est qu'on prend pour mauvaises des choses qui en fait sont neutres. Le fait de ne pas avoir eu de bus, ce n'est ni bien ni mal, c'est neutre, rien de plus. Il ne tient qu'à nous d'être heureux. Évidemment, tu imagines à quel point le débat a fait rage ! Théana s'est égosillée car elle trouvait que ça nous menait à la passivité ! Pour elle tout dépend de nous ! Tu la connais ! Côme, Marceau et Elena faisaient tout pour la provoquer. Elle a fini par bondir de sa chaise en disant qu'elle avait à faire ! Tu n'aurais sans doute pas tout écouté, mais j'aurais aimé que tu sois là pour voir ça ! Je me demande comment Tonia peut être si paisible et sa fille si tendue !

Mais bon, je ne veux pas t'embrouiller avec Marc Aurèle, ni avec nos débats. Surtout qu'il me semble que tu as du travail avec le Moyen Âge... J'ai appris que tu allais rencontrer Ambrosio Aguilar. C'est LE spécialiste mondial du plus grand philosophe né à Cordoue qui s'appelle Averroès. Je suis sûre que des tas de restos et de cafés dans la ville portent son nom ! En fait, Averroès a un destin assez original : il naît en 1126 dans une famille de juges. Et même s'il y a déjà des troubles politiques à Cordoue, il fait de bonnes études, et exerce lui aussi comme juriste et comme médecin. Il devient vite célèbre grâce à sa culture et à sa sagesse. Son interprétation du Coran impressionne tout le monde. Du coup, le calife du coin, Yab'ub Yûsuf, qui vient de découvrir les textes d'Aristote, lui demande de l'aider à les comprendre ! Pour relever le défi, il se lance dans des traductions, des commentaires, des résumés, etc. Il bosse comme un fou pour tout rendre clair et accessible. À cette époque, tu sais, on redécouvre la pensée grecque qui s'est perdue pendant quelques siècles, et le but d'Averroès c'est justement de montrer qu'Aristote est le plus grand penseur de tous les temps ! Mais pour que ça plaise au calife et que ça aille dans le contexte de l'époque, il doit concilier les réflexions d'Aristote avec les principes du Coran. Ça veut dire qu'il doit rendre compatible une pensée philosophique et une pensée religieuse. Et montrer que la philo peut enrichir la croyance et que la croyance peut devenir plus rationnelle. On lui reprochera certains écarts avec les textes originels, mais il va quand même sacrément aider à diffuser la philosophie aristotélicienne.

Bon, faut que je te laisse, je dois aller travailler, il va vraiment falloir que tu lises les textes d'Averroès, en particulier le *Discours décisif*, mais pour ton rendez-vous, sois tranquille, Ambrosio Aguilar a la réputation d'être exigeant, mais comme tout le monde, il aime parler et être admiré. Flatte-le et ce sera bon.

Envoie-moi des photos, ça me ferait plaisir.
Je t'embrasse,
Alex.

P.-S. : Tonia espère que tu manges bien ! »

Quand le serveur arrive pour savoir si je veux autre chose en plus de mon jus, je m'aperçois que j'ai un sourire béat accroché aux lèvres. Alexandre a cette faculté de rendre tout plus beau, plus clair, plus respirable. Il jongle avec des auteurs morts et des concepts ardus, mais tout dans son propos agit comme une main posée dans le dos, une main qui encourage et soutient. À l'avenir, je ne dois pas oublier qu'il faut d'abord lire les mails d'Alexandre puis ceux de Théana. Je commence à répondre aux uns et aux autres, je reste assez brève, il est déjà tard, et j'ai encore beaucoup de choses à voir, la mosquée-cathédrale bien sûr, mais aussi une librairie francophone où je pourrai peut-être acheter le *Discours décisif* d'Averroès. Ma réponse à Théana tient dans un laconique : « D'accord, c'est super ! » Depuis notre marche nocturne dans les rues athéniennes, je m'exerce à ne jamais la contrarier. À mon ancien collègue, j'envoie l'adresse de Tonia. Et à mon père, un article racontant l'histoire d'une tortue ayant échoué sur une plage à Paros. Au moins, l'avantage des échanges zoologiques est qu'ils limitent la pesanteur émotionnelle de la situation. C'est pour Alexandre que j'hésite le plus. Je tergiverse : vais-je répondre à son mail ou lui écrire un texto ? Après plusieurs brouillons, je finis par lui envoyer une photo de mon carnet dans lequel j'ai écrit avec un gros feutre noir : « Le bus ne dépend pas de moi, mais Ambrosio Aguilar si. J'ai tout bon ? » J'ajoute par message : « Embrasse le canapé pour moi. » Au moment même où je clique sur « envoyer », j'ai peur de ne pas avoir été drôle ou d'être à côté de la plaque. Alexandre est un pilier pour moi et je veux me montrer complice, pas le décevoir. C'est toujours si délicat de savoir comment les mots vont être reçus ! Je pense soudain à Aristote : imaginait-il que tant de gens allaient se pencher sur ses virgules ?

En sortant, je me dépêche d'aller voir la mosquée-cathédrale. Même si elle est devenue chrétienne depuis la reconquête de Cordoue en 1236, les Espagnols continuent, par affection, de l'appeler la Mezquita, « la mosquée ». Je pensais en faire le tour rapidement, mais aussitôt après avoir franchi l'une des arcades, je comprends vite qu'une visite ne suffira pas. L'ensemble est déconcertant. C'est sans doute l'un des monuments les plus extraordinaires que j'aie eu l'occasion de voir dans ma vie. À partir de 784 apr. J.-C., il a fallu deux siècles pour l'édifier. Rien que ça. Deux siècles pour ériger une forêt de 856 colonnes, surmontées d'une double rangée d'arcades en briques rouges et en pierres blanches. L'ensemble est recouvert d'un plafond en bois peint, somptueux, avec des arabesques hypnotiques. Et, au milieu de ce foisonnement, se dresse une exubérante cathédrale du XVIe siècle, empruntant tout à la fois aux styles gothique et baroque. Victor aimerait tant cet endroit ! Tout comme pour le Parthénon, je prends conscience qu'il ne s'agit pas d'une simple visite touristique, mais plutôt d'une mémoire qui s'impose à moi. Un affrontement splendide entre deux civilisations, entre deux compréhensions du monde, peut-être inconciliables mais capables, une fois réunies, de prendre cette forme grandiose.

Au fond, je ne suis qu'au début de mon voyage, mais à chaque fois que je me retrouve dans ce genre de lieux, je sens grandir en moi un curieux sentiment de responsabilité. Les mots de Théana résonnent. Si tout cela est parvenu jusqu'à nous, alors notre devoir est de le faire vivre, de le faire connaître, de donner aux plus jeunes des clés pour le comprendre. Dans mon métier, je ne me suis jamais sentie utile. J'ai appliqué, j'ai exécuté, mais je n'ai pas ressenti ce souffle, cet élan qui offre la sensation d'appartenir à quelque chose de grand. Les couleurs scintillent autour de moi, je me dirige vers la sortie, convaincue que je vais revenir au plus vite.

Lorsque mon réveil sonne à 7 heures le lendemain matin, j'ai la tête posée en plein milieu du *Discours décisif* acheté la veille. Les marques sur ma joue n'attestent en rien ma compréhension. Le texte est aussi court qu'ardu. J'ai vaguement saisi qu'il était question du Coran, de la philosophie et d'une décision de loi, comme me l'avait dit Alexandre, mais ma détermination à préparer mon rendez-vous n'a pas tout à fait résisté à ma fatigue. Sur la pointe des pieds, je jette un œil à travers la lucarne. Il fait beau, des pots de fleurs s'alignent sur le balcon en contrebas, au loin un oranger, un azulejo, et un réverbère à l'ancienne. Je m'imprègne de cette douceur, j'apprivoise ce nouveau décor. Pourtant, il ne suffit pas à me détourner de mon agitation. Plus que deux heures avant de rencontrer Ambrosio Aguilar. Comment fait-on pour convaincre un philosophe ? Est-ce même envisageable ? Que va dire Théana si je lui annonce qu'il m'a ri au nez ? Ou qu'il n'en a rien à faire du projet ? Je sens ma respiration devenir saccadée, il ne me reste plus qu'à sortir et à affronter ma condamnation. Les rues sont encore silencieuses alors que je répète mon discours à haute voix : « Bonjour, je suis Pénélope Dessauges, je travaille pour une ONG grecque. Nous mettons en place un programme d'initiation à la philosophie pour des jeunes en rupture avec le système. Nous voulons inviter les meilleurs intervenants d'Europe à venir transmettre leur passion et leur savoir. Vous êtes l'un d'eux et si... brillant ! Seriez-vous d'accord pour y participer bénévolement ? » C'est ridicule. Je ne me sens pas à la hauteur. Je dois le flatter certes, mais comment faire puisque je ne connais pas son travail ? Je ne sais même pas à quoi il ressemble, encore moins ce qu'il écrit. J'aurais dû me renseigner au lieu de dormir sur Averroès.

Avec trente minutes d'avance, j'arrive devant l'université et comme pour le reste de la ville, je suis impressionnée par la beauté des lieux. À l'entrée, un vigile me demande mon passeport et me remet un badge visiteur. Je me dirige vers le département de philosophie et m'assieds sur un des bancs du couloir pour patienter. Mes mains sont moites et je tripote frénétiquement ma salamandre. Sur l'écran de mon téléphone s'affiche un texto d'Alexandre. C'est aussi une photo : « Tout ira bien » inscrit sur une pancarte posée sur le fameux canapé. Je souris. Au bout de l'allée, j'aperçois un homme en jean avec un casque sur les oreilles. Environ trente ans, il porte un sweat très large noir avec Nirvana écrit dessus, les cheveux attachés en arrière. L'allure générale est plutôt négligée, il ne fait pas attention à moi, et s'installe dans une salle juste à côté. Sans doute un étudiant qui attend le début des cours. À 9 heures, je commence à trépigner, à 9 h 10, je me demande si je ne me suis pas trompée d'endroit et décide de lui demander de l'aide. J'entre dans la salle sans qu'il s'en rende compte, il n'a toujours pas quitté son casque :

— Bonjour, pardon, excusez-moi de vous déranger, mais je cherche Ambrosio Aguilar, j'ai rendez-vous avec lui et j'ai peur de m'être perdue. Savez-vous où je peux le trouver ?

L'étudiant soupire, soulignant manifestement le fait que je le dérange. Encore plus parce qu'il doit mettre sa musique sur pause.

— Qu'est-ce que vous lui voulez ?
— Eh bien, en fait, j'ai rendez-vous avec lui parce que je travaille pour une association grecque. Et du coup... Ben... J'aimerais qu'il

vienne parler d'Averroès. Aux jeunes grecs. Enfin vous voyez, quoi...

— Non, je ne vois pas. Vous n'avez pas de prof en Grèce pour parler d'Averroès ?

— Si. Enfin, je pense. Mais l'idée du programme est de réunir les experts dans leur domaine. Les jeunes qui en bénéficieront sont en rupture avec l'école, ils ont l'impression que la philosophie, ce n'est pas pour eux, que ça ne sert à rien, que c'est trop compliqué. Pour leur prouver le contraire, il faut des gens prêts à transmettre leur passion, à la faire vivre. Il faut leur montrer que le passé a des choses à leur dire et qu'eux aussi appartiennent à cette histoire de la pensée... Donc on cherche un prof spécialiste dans chaque pays pour parler des différents courants.

— Vous avez lu Averroès ?

— Oui. Euh non. Enfin, j'ai ouvert le *Discours décisif*.

— Et ?

— Et je n'ai rien compris.

— Alors pourquoi vouloir parler de cet auteur ?

— ... Parce que ma responsable me l'a proposé... et que...

— C'est tout ? Parce que votre responsable vous l'a proposé ? C'est ce que vous allez lui dire ?

— Non, je vais aussi dire que je me demande bien comment Averroès a fait pour relier le Coran à la philo.

— Ah bah voilà, on y vient. Vous vous appelez comment ?

— Pénélope.

— Pénélope, vous avez déjà essayé de concilier des choses qui *a priori* n'allaient pas du tout ensemble ?

— Euh oui... Je crois. Plein de fois, même. Par exemple, j'essaie chaque jour d'oublier mon ex en pensant continuellement à lui. Ça compte ? Et puis aussi de trouver mon chemin sans blesser ceux que j'aime et qui veulent parfois que j'emprunte le même chemin qu'eux.

— Eh bien Averroès a le même problème que vous. Après l'Antiquité, on voit bien que la religion ne considère pas la philosophie comme son égale. Les deux disciplines entrent même en conflit, aussi bien en terre d'islam que chez les chrétiens. Des tas de sujets deviennent polémiques. Par exemple, pour les philosophes grecs dont Aristote, le monde est parfait et éternel, alors que dans les religions, le monde a été créé. Pour résoudre ces tensions, les philosophes du Moyen Âge produisent de nouvelles théories. Dans son texte, le *Discours décisif*, Averroès se questionne : peut-on être croyant et philosophe ? Comme il est juriste, il doit rendre une décision légale au sujet du statut de la philo. Est-ce que c'est une activité permise ou interdite ? En s'appuyant sur des versets du Coran où Allah prescrit aux hommes de se consacrer à la pensée, il parvient à montrer que la philo n'est pas seulement autorisée mais qu'en plus elle est nécessaire ! Jolie prouesse. Il montre que la foi peut être en lien avec la raison. Ce qu'Averroès va faire avec l'islam, d'autres penseurs vont le faire chez les chrétiens comme saint Thomas d'Aquin, ou chez les juifs comme Maïmonide. Cette volonté de concilier l'apport de la philosophie grecque avec la théologie, c'est ce qu'on va appeler la scolastique, la « science de l'école ». C'est d'ailleurs ce courant qui va permettre la création de lieux comme l'université de la Sorbonne. Ce qu'il faut retenir pour notre vie à nous, et ce qu'il faut expliquer à vos jeunes, c'est que la pensée est un outil qui permet de concilier des choses qui nous paraissaient impossibles à relier. En utilisant notre esprit, on crée des passerelles entre différents mondes. Ici, on arrive facilement à le comprendre en regardant la Mezquita. Mais c'est pareil pour vous, oublier votre petit ami ne veut pas dire ne plus penser à lui, au contraire, des choses nouvelles apparaissent quand on les regarde. Bien, je m'appelle Ambrosio Aguilar, je veux bien envisager de réfléchir à votre proposition mais pouvez-vous arrêter de jouer avec votre porte-clés salamandre ? Ça m'exaspère. J'ai à faire maintenant. Retrouvez-moi ce soir à 18 heures à El Poema, on verra comment on peut s'organiser.

Je reste muette. Je le fixe alors qu'il remet son casque sur son semblant de queue de cheval.

Jamais je n'aurais pu penser une seconde qu'il s'agissait d'Ambrosio Aguilar. Pourquoi donc ? Parce que selon moi il n'avait pas l'allure d'un spécialiste ? Mais qu'est-ce que ça signifie, l'allure du spécialiste ? La philo n'est pas conciliable avec le grunge ? Consternée par mes préjugés, je décide de retourner voir la Mezquita, en me rappelant que, décidément, rien dans l'existence n'est jamais conforme à « ce qui était prévu ».

Penser l'infini

Cordoue-Florence, mois d'avril

> *Le vrai ne peut contredire le vrai.*
> AVERROÈS, *Discours décisif*, 1179.

— Bon, mais tu imagines bien que cette idée de mélanger la philo et la foi n'a franchement pas plu à tout le monde ! Beaucoup de théologiens n'ont pas admis que la religion soit dénaturée par des concepts philosophiques venant d'auteurs païens comme Aristote. Du coup, des tensions ont éclaté un peu partout. Le pire, c'est en 1277, quand une énorme crise a bousculé l'université de Paris. Ça s'est terminé par la condamnation de plusieurs thèses philosophiques mais surtout par la séparation entre la philosophie et la théologie ! Et c'est comme ça qu'on enterra la pensée médiévale...

— En fait, j'ai l'impression que, chaque fois, c'est la même chose ! Un courant philosophique se met en place, tout le monde l'adopte et trouve ça formidable, jusqu'à ce qu'un autre courant surgisse et détruise le précédent. Alors on abandonne tout et on recommence autre chose ! Ce n'est pas un peu épuisant, ce système ? On est obligé de toujours être en conflit pour avancer ?

Ambrosio se met à rire. Le casque, qu'il n'a toujours pas quitté depuis ce matin, rebondit autour de son cou au rythme de ses joyeuses saccades. Ma question est sincère et pourtant j'ai la sensation d'avoir fait un trait d'esprit. Il me regarde avec une tendresse amusée qui, je dois l'admettre, me fait du bien. Même si j'apprends à l'apprivoiser, la philosophie me semble encore lointaine. Les explications d'Alexandre sont des repères, mais dès que je quitte son regard, je me sens un peu perdue. J'ai peur de ne pas employer le bon terme, de commettre un contresens inacceptable ou de rester en surface. Les séances d'atelier à Athènes m'ont laissé un goût mitigé. Face à Ambrosio, je n'ai pas de crainte. Ce n'est pas seulement grâce à sa tenue qui dénote, c'est surtout grâce à la passion qu'il dégage. Il est intarissable. C'est peut-être à ça qu'on reconnaît un véritable expert, à cette manière presque charnelle de s'approprier les concepts, les dates, les noms. Il s'agite sur son tabouret et tape sur la table comme s'il venait d'apprendre une nouvelle inédite. J'arrive à vivre sa leçon plutôt qu'à tenter de l'apprendre. Sa réputation de froideur est totalement usurpée. En l'écoutant depuis tout à l'heure, je m'aperçois que son exigence n'a rien à voir avec une quelconque forme de mépris, il est juste habité par ce qu'il raconte, et ne laisse pas de place à la dispersion. Moi qui pense facilement à autre chose, cette fois, je suis si attentive et captivée que j'ai l'impression qu'Averroès, Thomas d'Aquin et Maïmonide sont là pour trinquer avec nous en espagnol. Je le sais désormais, il n'y a pas de meilleur orateur pour inaugurer notre programme, pour donner ce souffle dont rêve Théana. J'ai hâte de partager cela.

— Tu me fais rire Pénélope ! Bien sûr que l'histoire de la philosophie est faite d'une succession de ruptures ! Comment on avancerait, sinon ? La rupture sépare deux moments du temps. Elle identifie un avant et un après. Ce qui est important, c'est que la crise qui découle de ces moments de scission nous force à agir différemment. On ne se satisfait plus de ce qu'il y a, on ne peut pas faire comme si de rien n'était, alors on doit apprendre à faire autrement. Ce n'est pas facile, c'est sûr ! Mais c'est seulement à ce prix-là qu'on évolue et qu'on s'ajuste. Tu vois, la crise du Moyen Âge va mettre un terme à la scolastique, mais elle va aussi conduire à la Renaissance. Rends-toi compte de ça ! C'est comme une sorte d'effet papillon mais dans une version plus positive ! Une chose se passe à Cordoue au XIIe siècle... et hop, on en mesure les conséquences à Florence au XIVe siècle. C'est incroyable ! En somme, parce que plus personne ne veut de l'argumentation des théologiens, eh bien, les philosophes de la cour italienne vont se renouveler pour présenter leurs réflexions autrement ! Ils vont inventer des dialogues, des essais... Ils vont se libérer du latin et oser l'originalité. En fait, dès qu'une crise survient, elle produit deux réactions : d'abord, la tentation conservatrice, ensuite la création d'autre chose. C'est comme ça qu'il faut regarder le savoir ! C'est ce que je vais leur dire à tes petits Athéniens ! Et c'est pareil dans la musique : si Kurt Cobain n'avait pas écouté les Beatles, il n'aurait sans doute pas été le même ! *Idem* dans la vie. Chaque volonté de rupture enclenche notre imagination !

En temps normal, en entendant ce monologue sur la rupture, mon cœur se serait mis à battre d'une façon irraisonnée. Mon menton aurait commencé à trembler et mes yeux se seraient chargés de larmes. J'aurais une fois de plus disséqué mon drame, décrit le point névralgique de toute ma peine et supplié qu'on déchire ce voile d'obscurité jeté sur ma vie. Pour me consoler, Ambrosio aurait sans doute trouvé des ressources dans l'immensité de ses connaissances, il aurait vanté les mérites du renouvellement, convoqué les dieux et les sages. Au bout de quelques bières, j'aurais fini par pleurer dans son tee-shirt, et promis d'envisager les choses sous un autre angle. Mais à cet instant, le temps n'a rien de normal. Car ici, la seule chose qui vibre, et qui happe toute mon attention, c'est le téléphone posé devant moi, affichant le prénom de Cécile.

Averroès et ses comparses s'évanouissent. L'urgence prend possession de mes pensées. La seule chose qui compte désormais est de la rappeler. De toute façon, il est tard et je dois mettre un terme à mon rendez-vous avec Ambrosio. Le contact est plus qu'établi et nous aurons de nombreuses occasions de nous revoir. Les modalités pratiques de sa venue appartiennent désormais à Théana, mon rôle de sélectionneuse s'arrête là. La sincérité de son engagement n'a pas besoin d'encouragements supplémentaires. Je me tiens donc à l'affût d'un blanc dans la conversation qui me permettrait de me lever et de le remercier. Mais comme s'il le pressentait, et qu'il voulait retarder ce moment, Ambrosio redouble de mots. Ses phrases sont de plus en plus denses. Son espagnol, qui jusque-là était tout à fait compréhensible, devient presque brouillon. Je pense à Cécile. Voilà des semaines que j'espère avoir de ses nouvelles, et maintenant, c'est ma politesse qui m'interdit de prendre congé. Au bout d'un quart d'heure interminable, je tente d'afficher des signes de fatigue. Je bâille, je pose ma tête sur mon coude. Rien n'y fait. Ne tenant plus en place, je prends mon courage à deux mains et l'interromps :

— Ambrosio, je suis désolée, mais là, je dois… c'est-à-dire que là je dois vraiment y aller, je suis claquée ! Mais c'est certain que maintenant je vais lire Averroès, hein !

— Tu ne veux pas rester un peu ? Tu ne m'as rien dit sur toi ! Je peux arrêter de parler de philosophie, tu sais ! Tu veux une autre bière ? Reste, s'il te plaît…

Avec une infinie maladresse, Ambrosio m'attrape la main et la serre contre lui. Il me retient coûte que coûte. La détresse dans ses yeux me transperce. Derrière cette stature d'homme respecté, de professeur d'université reconnu et admiré, se dissimule une profonde solitude. L'exploration du passé est pour lui non seulement une passion, mais aussi un rempart contre une réalité plus aride. Le rock et les textes médiévaux sont ses uniques compagnons. Je comprends à quel point la philosophie est, certes, une histoire de ruptures, mais aussi une histoire d'hommes qui, à travers leurs écrits, leurs concepts, leurs débats, tentent d'apprivoiser le monde et de se faire une place dans un univers peut-être un peu trop grand pour eux. Ambrosio mobilise sa pensée afin de lutter contre son insignifiance, afin de ne pas se sentir invisible et muet. C'est à mon tour de le contempler avec tendresse. Immobile, la main en appui contre son buste, je me revois dans ma classe de primaire, au côté d'un certain Frank Simonet. C'était un petit garçon blond, les cheveux en épis, qui passait l'intégralité de ses journées à lever la main et à poser des questions pour être certain que la maîtresse ne l'oublie pas ; sa curiosité le préservait de l'anonymat. Tout à coup, pétrifié de honte, Ambrosio comprend ce qu'il vient de faire et se détache de moi, comme si je l'avais surpris nu. Bredouillant quelques mots pour me dire « à bientôt », il sort un billet, le jette sur la table, ajuste son casque sur ses oreilles et sort à toute vitesse. À cette minute, je sais déjà que de Cordoue je retiendrai la splendeur de l'héritage des Almohades et l'humanité d'Ambrosio.

À mon tour, je me retrouve dans la rue. Le téléphone dans la main droite, je m'apprête à revivre une scène familière. Rentrer chez moi, dans la nuit, en parlant à Cécile. Pourtant, son silence des dernières semaines a rendu la banalité solennelle. Je déglutis, j'ajuste mon sac, mon doigt appuie sur son nom en lettres rouges. Même la légère brise du soir semble suspendue. L'envie se mêle à la peur. La sonnerie peine à venir. J'imagine tous les dialogues possibles. Je cherche le sésame, le mot magique, la formule légère, la limpidité du « Salut, ça va ? ». Et puis, enfin, en pleine obscurité, la connexion s'établit :

— Pénélope ?
— Oui ?
— J'ai rencontré quelqu'un.

*

Il faisait si chaud ce mois de juin-là ! On buvait des thés glacés assises sur le rebord de mon balcon. Ces quelques millimètres nous donnaient l'impression d'avoir une terrasse et rendaient plus lumineuses nos séances de travail. On étalait nos classeurs entre nous et on s'appuyait chacune d'un côté de la fenêtre. Je révisais mollement mon cours de droit public, me distrayant au moindre bruit entendu dans la rue. J'avais choisi ces études sans conviction, mais sans amertume non plus. Une décision détachée, assez ordinaire dans une famille où tout le monde était juriste ou avocat. Apprendre des arrêts du Code civil tenait à distance mes montagnes russes émotionnelles. Il fallait comprendre les règles et s'y tenir. Adopter un système qui mettait à l'abri de l'irrationnel, des subjectivités et des humeurs. À défaut de m'intéresser, les matières me cadraient, mes doutes avaient un espace légal où s'exprimer, et il y avait toujours une solution à trouver. Je n'étais ni bonne ni mauvaise, juste ce qu'il faut pour réussir les partiels chaque semestre. Rien à voir avec Cécile qui, elle, excellait. Plus encore que sa mémoire, son atout était sa capacité de travail, son sens de la discipline que nos copains de fac caricaturaient, mais qu'au fond tout le monde enviait. Elle était la seule à savoir tenir un planning surchargé, à rendre ses devoirs toujours à l'heure, à préparer le cours d'après à grand renfort de stabylos. Pour elle, les choses allaient de soi, et ce sérieux lui donnait une sorte de pouvoir sur les autres. La domination de ceux pour qui l'ignorance est une incompétence. Un peu comme Théana, elle n'hésitait pas à faire la morale à son interlocuteur qui se serait plaint d'une note inférieure à la moyenne. Le travail prenait toujours le pas sur les sentiments. Mais pour ceux-ci comme pour celui-là, elle visait la perfection. Depuis la terminale, elle sortait avec Matthieu et casait l'amour parmi d'autres activités de son emploi du temps. Très loin des palpitations romantiques, elle préférait réviser ses examens plutôt que se demander où allait sa relation. À ce sujet, elle n'échangeait avec moi que lorsque son couple était confronté à des tournants qu'elle jugeait réellement importants. Cécile incarnait la droiture qu'elle étudiait avec acharnement. Alors bien sûr, j'avais été plus que surprise lorsqu'en cherchant une photocopie dans sa pochette, qui traînait au milieu de nous, j'étais tombée sur une enveloppe jaune pâle portant l'inscription : « Mon amour. » Cette écriture fine, aérée, élégante n'était pas celle de Cécile et encore moins celle de Matthieu. Devant mon étonnement, elle avait bondi et avait déchiré le courrier en petits bouts avant de les jeter par-dessus la rambarde, dans un élan sauvage. Ses traits étaient métamorphosés par une émotion qui, chez elle, m'était inconnue. Je revois les confettis se disperser dans l'air chaud de ce début d'été, flotter entre le ciel et le bitume. Cécile, les joues rouges et les tempes dégoulinantes de sueur, avait pris en otage mes possibles questions, qui pourtant ne revêtaient aucun jugement. Son impulsivité avait été si violente qu'elle me condamnait au silence. Je ne l'avais jamais vue ainsi. La perspective que chaque individu abrite des secrets ne m'était pas étrangère, mais chez Cécile, le mystère semblait très hermétiquement fermé. Et puis les révisions et l'été avaient balayé ce curieux épisode, le laissant reposer quelque part, aux confins de nos tabous.

*

Il est minuit passé quand, dans mon esprit, se déploient de nouveau ces confettis qui ne parviennent pas jusqu'au sol. Au ton employé par Cécile, je saisis qu'une fois de plus il ne s'agit pas de l'interroger, mais qu'elle attend que je lui fournisse une main à laquelle s'accrocher :

— Je pars pour Florence dans deux jours. Tu peux te débrouiller pour me rejoindre ?
— Oui, je vais m'arranger pour les enfants. Tu es sûre ?
— Oui, sûre.
— Ok, je t'écris quand j'ai réservé mon vol.

En glissant la clé dans la serrure de ma chambre, je me sens calme. Depuis mon départ de Paris, les événements se succèdent et me font accéder à une autre intensité.

Avant, mon métier de juriste consistait à identifier les risques encourus par mon entreprise et à aider mes collègues à les anticiper autant que possible. Cet effort de contrôle me plaçait dans un état de lutte constant. Désormais, je me laisse traverser. Il n'y a ni logique ni repère, et cette incertitude m'impose d'accepter ce qui vient. Alexandre, Tonia, Théana, Cécile, Ambrosio ne sont pas des dossiers, ni des données, mais des organismes vivants, répondant à des mécanismes souvent indéfinissables. Je suis déstabilisée dans mes convictions les plus profondes, et pourtant, chaque jour, je me couche en me sentant un peu plus présente à moi-même, capable d'affronter l'infini.

Le lendemain matin, à l'ouverture, alors que les serveurs du Maddow Coffee Shop sont en train de s'installer, je commence déjà à rédiger mes mails. Cordoue me plaît mais l'organisation de la suite s'impose, et la venue de Cécile m'oblige à être un peu plus prévoyante. Je dois mon premier message à Théana à qui je me réjouis d'annoncer la participation d'Ambrosio. Évidemment, au regard des heures passées avec lui, la réussite de ma mission me semble facile, mais elle n'est pas obligée de connaître tous les détails, et j'ai besoin d'être un peu valorisée à ses yeux.

« From : penelopedessauges@yahoo.fr
To : theanapedritis@gmail.com

Salut Théana,
J'espère que tu vas bien et que tu arrives à avancer sur tous les fronts. J'ai vraiment apprécié Cordoue même si je n'ai pas encore profité des jardins de l'Alcázar qui, paraît-il, sont magnifiques. En revanche, j'ai une bonne nouvelle : Ambrosio Aguilar sera bien notre premier intervenant !

Bon, je t'avoue qu'il a fallu que je bosse Averroès pour le convaincre de notre sérieux, ce n'était pas toujours évident, j'ai vraiment dû me plonger dans une argumentation pointue, mais j'y suis parvenue. Et il est maintenant convaincu du bien-fondé de notre mission. Il attend que tu fixes des dates pour son arrivée. C'est quelqu'un de tout à fait... unique.

Je pars donc pour Florence demain. Est-ce que tu as déjà fixé un rendez-vous avec quelqu'un ? Je suis à ta disposition. Je dois juste rendre visite à une amie d'enfance qui s'est installée là-bas, il y a longtemps maintenant, elle peut m'aider à trouver des interlocuteurs en cas de besoin.

Embrasse Tonia pour moi.
Bonne journée,
Pénélope. »

Je suis prise d'une légère pointe de culpabilité en relisant mon message. Non seulement Ambrosio a été tout de suite convaincu, mais en plus, notre complicité s'est instaurée en un éclair. Ce n'est pas suffisant pour me faire changer la moindre virgule et effacer ce petit mensonge. Je dois lui montrer que je suis une battante, et que je sais dépasser les obstacles. Elle ne doit pas penser que c'est trop facile. Mon admiration pour Théana n'est pas étrangère à une forme de gêne, voire de jalousie. La confiance qu'elle place en moi dans cette aventure me met au défi, comme si je devais lui prouver ma capacité d'exister autrement qu'en fugueuse distraite brisée par son chagrin d'amour. Avec Alexandre, je peux être un peu plus fidèle à la réalité, enfin, presque.

« From : penelopedessauges@yahoo.fr
To : alextecraso@gmail.com

Mon cher Alexandre,
Comment vas-tu ? Je suis impatiente d'avoir de tes nouvelles et de savoir quels sont les derniers sujets de conversation de notre petit peuple athénien !
Il faut vraiment que je te raconte ma rencontre avec Ambrosio. Oui, je l'appelle Ambrosio tu sais, parce que, en quelques heures, nous sommes vraiment devenus copains, je crois... Tu le verrais, ce n'est pas du tout ce que je pensais. Quelle surprise !

La seule chose qui le distingue d'un ado mal dans sa peau, c'est son savoir encyclopédique. Bref, je te raconterai, on a bu des bières, parlé des ruptures et j'ai compris tout le Moyen Âge. C'était génial et, bien entendu, il rejoint le programme ! Mission accomplie, sans malaise ni rien ! Je progresse, tu vois. Maintenant, j'ai hâte d'être en Italie. Et devine quoi ? Ma cousine Cécile, dont je t'ai si souvent parlé, va me retrouver là-bas, elle a besoin de réfléchir et moi j'ai besoin de la voir... J'ai aussi une amie qui habite sur les hauteurs de Florence et que je n'ai pas vue depuis des mois. Je me réjouis.

Je sais pas qui Théana va me faire rencontrer là-bas, mais n'hésite pas à m'écrire une petite leçon, c'est toujours plus clair avec toi. Pour l'instant, ce que j'ai compris de la Renaissance italienne, c'est que tous les penseurs se mettaient à faire un peu ce qu'ils voulaient, qu'il n'y avait plus la même unité dans les idées. Bref, c'est léger, et même si Ambrosio était très sympa, je me doute que ce ne sera pas aussi simple de convaincre tous les intervenants. Donc je suis prête à me laisser guider, Professeur !

Écris-moi, des mails, des sms, ou des courriers par pigeon voyageur mais... écris-moi.
Je t'embrasse,
Pénélope. »

J'avais lu un jour que Darwin parlait de l'excitation comme du plaisir de la « bonne humeur ». Le regard devient brillant, la circulation sanguine plus rapide, et la tête se remplit d'idées. Cette émotion, qui pousse à l'action, qui donne une sensation d'élan, est exactement l'état dans lequel je me trouve lorsque j'écris à Alexandre. Sans doute parce que je suis convaincue que cet échange ne peut que m'apporter du bien. Sur ma joyeuse lancée, j'envoie un message à mes parents, une plaisanterie à Tonia, et je réserve un logement suffisamment spacieux pour nous accueillir ma cousine et moi. Elle m'a confirmé son vol. Le mien est très tôt le lendemain matin, et je veux encore profiter un peu de Cordoue. Avant d'aller prendre l'air, j'adresse tout de même un dernier mail à mon amie Alice pour la prévenir de ma venue.

*

La première fois que j'ai croisé son regard, j'avais huit ans, mes parents m'avaient inscrite dans un cours d'improvisation théâtrale, à la fois pour lutter contre ma timidité, mais aussi pour faire jaillir mes émotions ailleurs que dans le quotidien familial. Dans cette toute petite salle du gymnase municipal où avaient lieu les cours, Alice m'avait tout de suite tapé dans l'œil. La queue de cheval de travers, elle portait un caleçon rose avec un jupon vert par-dessus, et des baskets blanches qui lui donnaient un certain panache. Elle avait la liberté saisissante de ces enfants qui se moquent de tout, surtout des adultes et de leurs règles. Son imaginaire n'avait aucune limite, et elle distillait autour d'elle des volutes de fantaisie. Chaque après-midi devenait l'occasion d'incarner des personnages, de faire des mimes invraisemblables, de se déguiser, de fabriquer, de détourner. En grandissant, nous avions arrêté les cours, mais nous étions restées proches. Pas de grande conversation, juste une sensibilité si vive qu'elle savait transformer chaque moment de tristesse en un feu de joie. Sa futilité était une résistance, une singulière élégance. Elle s'était mariée jeune, et avait divorcé tout aussi précocement. Elle s'était ensuite installée à Florence, sur un coup de tête, et avait rencontré un Italien, Andrea, avec qui elle vivait désormais entourée de leurs deux enfants. Nos contacts étaient réguliers, et même si nous avions peu d'occasions de nous retrouver, elle m'envoyait des vidéos d'elle en train de préparer des risottos ou des explications sur l'utilisation d'une cafetière italienne. Alice aimait le très précis ou le très flou, mais elle gardait de l'enfance la capacité d'être totalement indifférente aux convenances, aux obligations, aux normes. Seule l'intéressait la beauté, et elle en avait fait son métier. Historienne de l'art, elle était devenue guide et commissaire d'expositions pour différents musées italiens. Armée de son sourire ravageur, de son brushing ondulé et de ses boucles d'oreilles dorées, elle était la plus délicieuse ambassadrice d'un art de vivre méditerranéen. Je savais qu'avec elle Florence se montrerait sous un jour festif, lumineux, et doux. C'est ce qu'il nous fallait, je crois, à Cécile et moi, pour nos retrouvailles.

Mes mails enfin écrits, je me lève pour savourer une derrière fois l'ambiance de Cordoue. En me promenant autour de l'Alcázar et de ses somptueux jardins, je force mon regard à repérer tous les détails de l'architecture. Il s'agit d'un palais fortifié comme les autres Alcázar que l'on peut trouver en Espagne, sauf que celui de Cordoue a une particularité qui m'interpelle. Ses tours, ses bains, ses murailles sont dans un style mauresque, fait d'arabesques, d'arcs et de tours pointues. Un exemple des prouesses techniques et des matériaux délicats utilisés par les artisans musulmans. Pourtant, il fut érigé par des rois chrétiens, notamment Alphonse XI, devenant ainsi l'un des principaux témoins de ce que l'on appelle l'architecture *mudéjar*, qui s'est développée dans la péninsule au Moyen Âge. Reconnaissant la beauté de ces approches musulmanes, les chrétiens ont appliqué à leurs édifices des influences contre lesquelles ils luttaient dans d'autres domaines, comme si l'art répondait à des critères différents qu'en politique ou en religion. Cordoue m'impose une fois de plus une leçon de contradictions, de complexité, de paradoxes. Assise dans un des patios, le long d'un plan d'eau entouré d'orangers, je ne peux m'empêcher de me demander quelles sont mes contradictions à moi, et comment les intégrer dans mon édifice personnel. Pourquoi suis-je si nostalgique de ma relation avec Victor, alors même que j'ai tout fait pour qu'elle s'éteigne ? Pourquoi vouloir quitter mes habitudes, alors que dans chaque lieu où je me trouve je ne rêve que de les reconstruire ? Pourquoi me réjouir de voir Cécile alors que c'est moi qui me suis éloignée ? Et pourquoi laisser les autres guider mon existence, alors que je suis la seule à la vivre ?

Le lendemain à l'aéroport, j'arrive si tôt qu'il n'y a pas de queue au contrôle de sécurité. J'en profite pour prendre mes aises dans la salle d'embarquement. Un fauteuil pour mon sac et mon manteau, un autre pour mon café, je me ménage un espace de bureau. L'ordinateur sur les genoux, je somnole en attendant l'annonce de mon vol. Pour éviter de m'endormir, je décide de consulter ma messagerie. Pas de nouvelle de Théana, mais une réponse d'Alice et une d'Alexandre. Je commence par la première pour profiter de la seconde.

« From : alidifirenze@gmail.co
To : penelopedessauges@yahoo.fr

Péné, Chérie,
Je suis si contente de te voir ! Quand j'ai lu ton message, j'étais sur l'incroyable terrasse de l'hôtel Calimala. Une splendeur ! L'endroit parfait où je vais t'emmener, avec une vue sur le Duomo, le Palazzo Vecchio et l'église d'Orsanmichele ! Tout pour te faire comprendre qu'avec une lumière pareille, encore heureux que les peintres italiens aient produit des chefs-d'œuvre !
Et tiens d'ailleurs, ton projet tombe à pic, je prépare en ce moment une exposition sur l'une des premières femmes philosophes, Christine de Pisan. Tu la connais ? Les gravures extraites de son œuvre *La Cité des dames* sont de petits bijoux. On va se régaler ! Veux-tu qu'Andrea vienne te chercher à l'arrivée ? J'ai une surprise pour toi dans le salon !
Tanti baci.
Ali. »

Alice ne perçoit le monde que comme une somme de trésors à découvrir. Je me renseigne brièvement sur Christine de Pisan, dont je n'ai jamais entendu le nom. J'apprends qu'elle est la fille d'un astrologue, médecin personnel de Charles V. Elle vit avec ses parents à la cour et accède ainsi à la bibliothèque royale.

Elle se passionne pour les livres scientifiques, et se forme à de multiples disciplines, au lieu de se contenter de l'éducation reçue habituellement par les filles de la noblesse. Après son mariage, elle se retrouve très vite veuve, et malgré le fait qu'elle a trois enfants à charge, elle décide de prendre la plume et de vivre de ses écrits ! Je suis médusée. J'ai envie d'en connaître davantage, mais je veux avoir le temps de lire le mail d'Alexandre avant d'embarquer :

« From : alextecraso@gmail.com
To : penelopedessauges@yahoo.fr

Pénélope,
J'ai essayé de te joindre par téléphone, mais je tombe tout le temps sur ton répondeur.
Théana a eu un accident, je suis à l'hôpital avec Tonia.
Rappelle-moi quand tu peux. »

Dans le haut-parleur, l'annonce se répète en plusieurs langues. Les passagers du vol AF4516 en direction de Florence sont priés de se présenter à l'enregistrement. Je regarde mon café qui vient de se renverser sur le fauteuil d'à côté.

Le culte du beau
Florence, mois d'avril

> *Ce sont les préjugés féminins de ta mère qui t'ont empêchée, dans ta jeunesse, d'approfondir et d'étendre tes connaissances, car elle voulait te confiner dans les travaux de l'aiguille.*
> Christine DE PISAN, *La Cité des dames*, 1405.

« From : penelopedessauges@yahoo.fr
To : theanapedritis@gmail.com

Chère Théana,
Je ne sais pas quand tu liras ce mail mais j'avais envie de te l'écrire et de te dire combien je pense à toi. Lorsque j'ai appris ton accident, j'étais dans une salle d'embarquement, prête à prendre un avion pour Florence. Pendant quelques instants, j'ai hésité à partir, je voulais être avec vous, rentrer à Athènes, te voir, soutenir Tonia, être au côté d'Alexandre. Que l'on soit tous ensemble, réunis auprès de toi. Et puis, tout d'un coup, mes doutes se sont

dissipés, j'ai senti ma colonne vertébrale se redresser, et je me suis dit qu'il fallait que je sois à la hauteur de tes attentes, et que ton état ne devait pas être un prétexte pour fuir mes responsabilités. Je sais que tu me veux ici, prête à avancer dans notre programme, prête à honorer une pensée doublement millénaire.

Alors me voilà dans le centre historique de Florence, classé patrimoine mondial de l'Unesco. La première chose qui m'a marquée, c'est la subtilité des couleurs que l'on trouve à chaque coin de rue. Les toits sont bruns, les murs blancs, les volets verts, et les ondulations du fleuve, l'Arno, donnent à l'ensemble des reflets chauds, presque rougeoyants, et pourtant si doux. Les fleurs de glycine forment de curieuses guirlandes pâles, qui pendent un peu partout, et ajoutent encore une tonalité.

Depuis trois jours, je n'ai fait que visiter, en essayant de m'imprégner de la ville, qu'à chaque heure je trouve un peu plus ravissante. Depuis les collines, le panorama est époustouflant. Mais ce que je préfère, ce sont les chapelles des Médicis. Elles sont incroyables ! Je savais que la famille était la plus puissante de la Renaissance italienne, mais quand tu vois leurs tombeaux, tu le comprends encore plus. Elles sont situées à deux pas du Duomo, dans la basilique San Lorenzo. Je crois que tu serais aussi éblouie que moi par la délicatesse des mosaïques en marbre, le plafond si beau, mais, surtout, par l'émotion solennelle et la lumière, quasi divine, qui se dégagent du lieu. Dans la sacristie – on ne peut pas y accéder, afin de la protéger –, il y a même une salle secrète, entièrement dessinée par Michel-Ange ! Mon amie Alice, qui vit ici, m'a appris que, lors de l'attaque des troupes espagnoles contre la cité toscane en 1529, il avait dû rester enfermé pendant trois mois, dans cette toute petite pièce en sous-sol. Alors, pour lutter contre sa solitude, il a couvert tous les murs d'esquisses. Des dessins inédits de musculatures ! Au moment des travaux de restauration, en 1975, on a enfin découvert ce trésor ! Je voulais te raconter cette histoire parce qu'elle est à l'image de ce que je comprends jusqu'ici de la Renaissance : un monde où tout devient beauté, où même 7 m^2 souterrains se remplissent de génie. Demain, je rencontre un diplomate, spécialiste de Machiavel. Je m'intéresse aussi beaucoup à Christine de Pisan, son histoire m'interpelle !

J'ai du mal à t'imaginer immobile dans ce lit d'hôpital, mais sache que je me mets en mouvement pour nous deux.

Je t'embrasse très fort,
Pénélope. »

Mes doigts sont à peine décollés du clavier que Cécile est déjà debout, me rappelant combien la patience n'a jamais fait partie de ses vertus.

— Bon, ça y est ? T'as fini ? On bouge ? J'en peux plus, il n'est même pas dix heures et j'ai déjà bu plus de cappuccinos que ces trois derniers mois ! Tiens, regarde, j'ai tout repéré et je nous ai fait un planning. On doit retrouver Alice chez elle, on peut y aller à pied. Viens, c'est par là !

Directive, impliquée, prévoyante, Cécile est semblable à ce que j'ai toujours connu d'elle. C'est si curieux de retrouver quelqu'un qu'on aime après plusieurs mois de silence ! D'abord, il y a une émotion intense, suivie d'un mélange de gêne et de soulagement si palpable, qu'on en oublie les raisons de la séparation. Quand je l'ai vue avancer vers moi, devant les portes coulissantes de l'aéroport, j'ai eu l'impression d'être en face d'un mirage. Qu'est-ce qui avait changé ? Même de loin, tout me semblait reconnaissable. Je pouvais repérer son bracelet offert par Matthieu pour ses vingt-cinq ans, son trench beige qu'elle adorait, son sac fétiche, acheté à la fin de sa première plaidoirie. Et pourtant, quelque chose dans mon anxiété rendait l'instant irréel. Tout était identique, certes, mais nos rapports venaient de traverser une zone de turbulences qui, même de façon imperceptible, avait tout décalé. Et puis, finalement, à la minute même où nous allions nous serrer dans les bras, refermant la brèche ouverte trois mois auparavant, Andrea, le mari d'Alice, a klaxonné si fort que, au lieu d'une étreinte, nous avons sursauté, avant de nous précipiter dans la voiture. Très vite, l'habitude a repris ses droits, sans que nos retrouvailles aient pu se sceller. Et depuis, nous évitons la conversation que l'on sait pourtant incontournable. Nous jouons à cache-cache avec nos mots, incapables l'une et l'autre d'affronter ce qui doit être mis en lumière. Cécile ne m'en a toujours pas dit plus sur sa « rencontre ». Elle s'exerce, autant que moi, à faire comme si tout cela était normal, comme si nous passions un sympathique week-end à Florence. Nous sommes douées pour l'illusion. Seuls nos regards inquiets, rivés sur l'écran de nos portables, indiquent que nos mondes ne doivent pas tourner tout à fait rond. Mais par où commencer ? Comment mettre un terme à cette insupportable feintise ? À ce « comme si de rien n'était » qui nous maintient éloignées ? Trente ans de bavardages, de souvenirs et d'une sincère complicité, qui ne parviennent pourtant pas à se muer en conversation. Quelle crainte s'abrite derrière notre mutisme ? De quoi essayons-nous de nous protéger ?

Nous avançons dans les rues de Florence. Cécile commente l'architecture, l'élégance des façades, s'arrête devant l'église Santa Croce pour faire une photo et admirer ses contrastes en noir et blanc. J'ai une terrible sensation de vide au milieu du ventre, un trou béant, que ni mon *cornetto*, ni mon *latte macchiato* de ce matin ne sont parvenus à combler. Je n'arrive pas à jouer la comédie. Écrire à Théana m'a ramenée à la réalité, loin de notre pièce de théâtre. Je l'imagine traversant la rue de son pas vif et fier, toujours si pressée d'aller là où le monde l'attend, incapable d'imaginer que cette voiture, au loin, puisse être plus enragée et plus rapide qu'elle. Un point d'impact et tout bascule. C'est l'accident. Les soins intensifs, les larmes de Tonia, la détresse d'Alexandre. Leurs yeux tournés vers une incertitude aveuglante. Et puis, moi, ici, au milieu de toute cette beauté, responsable d'un programme destiné à préserver le passé de son effacement, et pourtant inapte à considérer mon présent.

— Cécile ?
— Dis, j'ai regardé, mais on n'est pas loin, on pourrait peut-être passer chez Santa Maria Novella, c'est une pharmacie mythique et l'endroit a l'air superbe. Ce serait pas mal que j'achète de l'eau de rose et des savons, c'est un bon truc à rapporter à ta mère, ça, elle adore...
— Cécile, c'était qui, l'expéditeur de l'enveloppe jaune ?

La main de Cécile cherche à s'accrocher à une rampe, mais ne rencontre que de l'air. Elle chancelle légèrement. Le jour où elle a prêté serment pour devenir avocate, nous étions tous éblouis par son assurance. Une voix, une stature, une évidence. Elle flottait dans sa robe noire, ses longs bras allaient à la rencontre de l'auditoire, appuyant chacune de ses paroles. Son corps était un pilier au service de ses convictions. Et elle se tient désormais devant moi, fébrile, presque abattue. Je vois ses veines marquer le haut de ses tempes, et la surprise habiter le fond de son iris. C'est toute une époque que je convoque à travers ma question, il lui faut affronter des couches de souvenirs avant de pouvoir me répondre.

— L'enveloppe n'était pas jaune. Elle était verte. Tu te souviens d'Yvan Margeron ?
— C'est le type qui tenait la librairie en face de la fac, non ?
— Oui, c'est lui. J'allais tout le temps lui commander de nouveaux manuels, faire des photocopies, traîner dans les rayons. Et puis, à force de se voir chaque jour, on a commencé à sympathiser, à trouver des prétextes pour passer du temps ensemble, à provoquer des rencontres, à s'échanger des livres, à s'écrire, et à tomber amoureux. Une histoire simple, classique, mais absolument impossible.

— Attends, mais pourquoi tu n'as pas quitté Matthieu si tu étais amoureuse de quelqu'un d'autre ?

Je perçois les secousses de son âme qui agitent tout son corps. Chaque mot lui coûte. Sa mâchoire peine à se mettre en mouvement. Elle semble remplie de larmes, d'une détresse si vive que je ne saisis pas comment j'ai pu passer à côté. Ce n'est pas une confidence, c'est quelque chose qui surgit et qu'elle dépose là, devant moi.

— Parce que j'ai eu peur, Pénélope ! Peur de tout perdre, peur de me tromper, peur de blesser, peur de vous décevoir, peur de regretter, peur d'abandonner mes plannings et mon confort si rassurant ! J'étais paralysée. J'ai préféré renoncer à Yvan plutôt que de prendre un quelconque risque. Je suis restée là, à attendre que le chagrin passe, à pleurer en cachette sous la douche et à me convaincre que j'avais fait le bon choix, que j'avais pris une décision raisonnable... Je me suis blottie derrière l'image de cette Cécile, toujours si responsable, sérieuse, impliquée. La bonne élève qui ne fait pas de vagues. Je voulais jouer mon rôle, garder ma place. J'étais terrorisée à l'idée de devenir une autre... Matthieu n'a rien vu, ni aucun de vous. Je me suis terrée dans le travail, dans l'organisation. Je me suis accrochée à l'idée de construire un foyer solide et respectable, avec un homme bien. J'ai essayé. J'ai lutté. Mais on n'a pas réussi à faire autre chose que se rendre malheureux lui et moi. Tu trouves ça stupide, n'est-ce pas ? Sordide, même ? Tu ne comprends pas que je n'ai pas tout envoyé promener plus tôt ! Mais je vais te dire une chose... Je ne suis pas comme toi, je n'ai pas ton courage. Moi, il me faut des centaines d'articles de loi et une robe d'avocate pour enfin m'affirmer. C'est tellement plus facile de hausser le ton dans une salle d'audience que dans la vraie vie.

— Mais...

— Si tu savais comme je t'en ai voulu quand tu as annoncé que tu partais en Grèce ! Tu osais ce dont moi je rêvais depuis des années ! Je me suis sentie minable. Minable et abandonnée. Non seulement tu me laissais en plan, mais tu me renvoyais une image insupportable. Moi, accrochée à mon rocher, et toi, libre, en mouvement... Je ne pouvais plus te dire un mot. J'étais jalouse, et surtout tellement triste. Tu ne te vois pas Pénélope ! Tu es fragile, c'est vrai. Tu t'évanouis, tu pleures, tu cries, sauf qu'en fait, tu affrontes tout. Jamais je ne t'ai vue te résigner. Tu vas au-devant de toutes les émotions, tandis que moi, elles me rongent en silence. Et regarde-nous aujourd'hui ! Toi, tu habites chaque minute de ta vie. Tu étais désespérée, tu te morfondais dans ton lit, et maintenant, voilà que tu as trouvé des amis, un projet, et que tu n'arrêtes pas de te réinventer ! Tu te rends compte ? Si j'ai eu le cran de venir jusqu'ici, et si je réussis cette fois à assumer mes sentiments, c'est uniquement parce que, en partant, tu m'as donné cet élan. Cette fois-ci, moi non plus, je ne veux pas renoncer...

Cécile s'effondre dans mes bras, terrassée par la tempête, épuisée par cette franchise qui lui coûte tant. Je sens ses omoplates qui se soulèvent au rythme des sanglots. Une étrange chaleur se dégage de sa peau, une sorte de fièvre la lavant de toutes ces années de silence. Le bruit assourdissant du soulagement envahit son cœur. Mon cou devient refuge. Je me souviens d'un jour, vers l'âge de quatre ou cinq ans, nous étions dans la forêt, près de chez ses parents. Nous marchions sur un immense tronc d'arbre couché au sol. Je me savais maladroite, j'observais les irrégularités de l'écorce avec beaucoup de précaution pour ne pas trébucher. Cécile, elle, gambadait, faisait des allers-retours, domptait le bois. Et puis, alors que nos mères nous appelaient pour rentrer, elle avait fini par tomber et s'était retrouvée le nez au sol, son pantalon vaguement râpé au niveau du genou. Une chute insignifiante. Le trois fois rien d'un quotidien d'enfant. Pourtant, elle avait été prise d'une désolation étrange, d'un chagrin qui semblait plus ancien qu'elle. Je suis émue, désemparée, et en même temps, je sais que je dois l'aider à reprendre un peu d'air.

— T'as super-envie d'une glace à la pistache, non ?

Cécile sort son nez jusqu'alors enfoui dans mes clavicules. Ses lèvres s'autorisent un léger rictus, tandis que le reste de son visage est encore empli de pleurs.

— Allez, viens, on va passer chez le glacier et on en profitera pour faire une photo sur le Ponte Vecchio. Hier soir, j'ai lu qu'à la Renaissance toutes les boutiques qui se trouvaient sur le pont étaient occupées par des bouchers, des tripiers et des tanneurs. Tu imagines un peu l'état du sol avec des déchets partout, du sang dégoulinant ? Bref, vers 1590 je crois, Ferdinand Ier de Médicis, qui ne supportait plus les odeurs infâmes, ordonna de faire remplacer les bouchers par des joailliers et des bijoutiers, histoire de donner une autre allure au centre-ville ! Et c'est comme ça que ce pont est devenu un emblème ! C'est fou, non ? Parfois, il faut juste décider que les choses doivent changer, pour qu'elles changent...

Le temps d'arriver à la Gelateria Vivoli, Cécile a un peu retrouvé ses esprits mais elle reste accrochée à mes pas autant qu'à mes paroles, encore secouée par sa confession. Son secret, ou plutôt ses secrets sont devenus une réalité, elle doit à présent les intégrer dans notre paysage commun et accepter mes questions.

J'ai besoin d'apprivoiser cette nouvelle version d'elle-même. Mais ses aveux ne laissent place chez moi qu'à une infinie tendresse et à un peu de culpabilité de n'avoir rien vu. Nous marchons lentement pour ne pas faire tomber nos cornets, ce qui lui laisse le temps de me raconter sa nouvelle rencontre, et l'ampleur de ses difficultés avec Matthieu. Elle détaille tout ce que, par égoïsme ou indifférence, je n'ai pas soupçonné. Tout ce qui me semblait constituer sa solidité se teinte peu à peu d'une coloration inédite. Ma rupture avec Victor m'a tant obnubilée que je pensais détenir le monopole de la peine, sans percevoir que force et fragilité s'unissent, se répondent, se confondent. C'est ce que m'enseignent Théana et Cécile. Deux rocs soumis à la vulnérabilité de l'existence, l'une dans son lit d'hôpital, l'autre à mes côtés, jonglant l'une et l'autre avec la pesanteur du corps et du cœur. C'est donc les doigts collants de glace, en longeant les galeries marchandes du Ponte Vecchio, que Cécile et moi avons fait renaître nos liens.

— C'est à cette heure-ci que vous arrivez, les filles ? Remarque, c'est pas comme si on était pressés... ! Mais Andrea a fini les gnocchis, et Bianca et Leone ont fait un sort au dessert ! La bonne nouvelle, c'est que personne n'a encore touché au café ! Venez, on va se mettre dans le jardin, vous êtes un peu pâles toutes les deux !

Dans une sublime robe orange, Alice se faufile sur sa terrasse et nous emmène jusque dans le jardin qui surplombe la ville. Ici, chaque détail respire la joie de vivre. Sa voix vibre d'une chaleur qui nous plonge dans un nouvel élan. Depuis notre arrivée, Ali est infatigable, surtout dès qu'il s'agit de nous faire parcourir les plus belles galeries de la ville. À la galerie des Offices, l'un des lieux les plus célèbres de Florence, elle est restée des heures devant les toiles à nous raconter que la Renaissance était aussi le moment où les peintres inventèrent la perspective. En un coup de pinceau, les artistes réussirent à capturer le réel, à en faire un décor, et à renverser les habitudes en donnant l'impression que c'est le tableau qui regarde le spectateur, et non l'inverse. Ali vibrait pour l'art de cette époque, pour ce savoir qui s'exprime à travers les corps, les sens, la splendeur. Tout cela lui allait si bien !

— Il faut que je vous raconte ! Ce matin, nous avons presque finalisé le parcours de l'exposition. Christine de Pisan est presque prête à se dévoiler ! Je ne peux pas transporter les gravures, on ira plus tard au musée, mais je vous ai apporté quelques reproductions pour que vous compreniez.

Elle nous tend une miniature représentant quatre femmes, habillées avec soin, se tenant dans une sorte d'alcôve, tandis que deux autres construisent un mur en briques à l'aide de ciment. L'image est étonnante.

— Incroyable, non ? Cette gravure date de 1450 ! Vous voyez les trois femmes couronnées debout sur la droite ? Chacune représente une vertu : Raison, Droiture et Justice ! Vous avez vu les accessoires qu'elles tiennent dans leurs mains ? Dame Raison est munie d'un miroir où chacun peut se voir en son âme et conscience. Droiture tient une grande règle départageant « le bien du mal ». Et Justice soulève dans sa main droite « une coupe d'or fin qui ressemble à une mesure de bonne taille ». Elles sont là toutes les trois pour insuffler à Christine le courage de bâtir la Cité des dames ! D'où la deuxième partie de la gravure, où on la voit en train d'étaler du mortier !

— Attends, mais c'est quoi, cette Cité des dames ? Pénélope m'en a un peu parlé, mais moi je ne connaissais pas du tout Christine de Pisan avant toi…

— Eh bien, c'est bien ça, le problème, Cécile ! Elle devrait être une superstar, mais on l'oublie trop souvent dans les manuels. Pourtant, son ambition est aussi fantastique que sa pensée. C'est quand même la première femme de l'histoire qui a vécu de sa plume ! Lorsqu'elle se met à écrire, après la mort de son mari, Christine commence par des œuvres poétiques, elle raconte sa douleur, ce que c'est de perdre l'être aimé, ce genre de trucs… Mais comme elle rencontre un réel succès, elle se dit qu'elle peut écrire autre chose. Elle commence à aborder des sujets philosophiques, alors qu'à l'époque aucune femme n'est entendue pour ses réflexions ! La pensée est uniquement masculine et le sexe féminin est considéré comme dépravé, et même enclin au vice. Bien décidée à changer tout ça, Christine ne lâche rien, au contraire, elle veut prouver que les femmes peuvent être intelligentes et sages, et que si la beauté ne s'acquiert pas, la vertu, elle, peut s'apprendre. Ainsi, elle se lance dans l'écriture de *La Cité des dames*, qui imagine la construction d'une ville allégorique. Une ville qui serait un refuge pour les femmes vertueuses. Une citadelle hautement fortifiée, afin que les femmes méritantes puissent avoir une place forte où se retirer et se défendre. Avec Christine de Pisan, l'invention du monde passe par la parole et la main des femmes. C'est bluffant, non ?

Nous sommes toutes les trois penchées autour de la gravure. Alice est resplendissante et affiche un sourire triomphant. Les mains posées sur les hanches, elle attend notre réaction, comme si elle venait de nous faire découvrir un nouveau territoire. Elle hoche légèrement la tête pour marquer sa satisfaction.

— Et Christine de Pisan, bien qu'étant italienne, écrivait en français, alors qu'à l'époque le savoir était transmis en latin par les hommes du clergé. À travers son travail, elle va donc être à l'origine d'un vaste mouvement de féminisation et de laïcisation de la pensée qui inspira jusqu'à Simone de Beauvoir ! Il faut que votre programme parle de ça !

— Pénélope, Ali a raison, cette philosophe doit être connue du monde entier. Si tu veux faire comprendre l'importance de l'histoire à la jeunesse, tu dois leur fournir des modèles auxquels s'identifier. Moi, je me sens totalement Christine de Pisan !

Cécile a retrouvé de la vigueur. Je les regarde toutes les deux en train de commenter les gravures et de se réjouir en cheminant à travers le XVe siècle. Cette vision me comble et contraste avec notre matinée, mais ce sont surtout les mots « votre programme » qui résonnent dans ma tête. L'accident de Théana a remis les choses en perspective. D'après les premiers examens, ses différentes fractures vont la forcer à rester un long moment à l'hôpital. Je me sens coupable de la jalousie que j'ai pu ressentir à son égard et je ne veux pas donner l'impression de vouloir prendre sa place. J'étais sincère en lui écrivant que continuer était pour moi la seule façon de la soutenir. Et surtout, je dois avouer que je n'ai aucune envie d'interrompre mon périple, alors que je commence tout juste à y voir clair. Submergé par l'urgence et les émotions, Alexandre n'a pas pu organiser concrètement la suite des événements, me laissant libre de continuer ou non. Je profite de l'effervescence entre Cécile et Ali pour m'éclipser, et prendre le temps de lui téléphoner.

Nous avons pris l'habitude de nous envoyer des textos et des mails, mais nous appeler reste rare. Je me mets à l'écart, à l'extrémité de ce jardin immense, assise sur un petit muret. Nous ne sommes qu'au mois d'avril, mais le soleil de l'après-midi tape déjà fort. Je sens mes pommettes rougir. La sensation de ce léger picotement ne me déplaît pas. Elle achève mes adieux à l'hiver et signe l'avènement de l'été. Je regarde au loin. Vus d'ici, les toits, les clochers, les collines forment une sorte de vague qui s'échoue à l'horizon. La Renaissance fut un grand moment de changements, alternant des crises multiples et des créations majeures, fidèle à ce va-et-vient dont parlait si bien Ambrosio. Je me demande quelle va être ma réinvention à moi, et celle de Cécile qui, en rentrant, devra mettre un terme à son mariage avec Matthieu, traverser les affres du divorce, tout en faisant grandir sa nouvelle histoire d'amour. Je mets fin à ma rêverie pour joindre Alexandre. Les sonneries se répètent jusqu'au répondeur. Je me sens un peu prise de court. J'hésite à raccrocher mais le bip, suivant l'annonce, a déjà retenti.

— Oui, Alexandre... euh... c'est Pénélope. Écoute, je voulais prendre des nouvelles... De tes nouvelles... et puis de Tonia et de Théana, bien sûr. Bon, bah moi, ici, ça va. Oui, enfin, disons que ça va, oui. J'adore la Renaissance. Je veux dire que c'est super-intéressant. Et puis Cécile aussi renaît. On a eu une grosse explication mais maintenant ça va et on se passionne pour la Cité des femmes ! C'est fou cette histoire, hein ? Et on voit tout un tas de tableaux, aussi. Voilà, je pense que je vais continuer à m'occuper des intervenants. Je ne voudrais pas arrêter maintenant. Et puis, je ne voudrais pas non plus laisser les jeunes Grecs dans l'ignorance, et puis, bah, moi non plus, du coup... Donc en fait, je pense que si t'es OK, enfin, bien sûr, on en parle, ben je peux continuer. Je me débrouillerai toute seule pour trouver des gens, je pense que j'ai compris le profil des profs intéressants. D'ailleurs, mon amie Alice serait vraiment super, elle explique tout trop bien. Enfin, on se rappelle ou on s'écrit pour se parler de tout ça. Mais voilà, là je suis face à Florence, c'est très beau... waouh ! Et puis, vraiment... je voulais te dire... Je... Je voudrais vraiment que tu sois là...

Le signal indiquant la fin réglementaire du message marque également le début de ma honte abyssale. J'ai l'impression d'être une adolescente bredouillante, maladroite, ridicule, confuse. Ce « je voudrais vraiment que tu sois là » me fait plus rougir que le soleil. Les mots à l'oral n'ont jamais tout à fait la même signification qu'à l'écrit, ils résonnent plus fort, imposent une intensité plus lourde à recevoir. Nous nous sommes déjà dit des choses tendres, mais ici mon ton est différent de celui que partagent deux colocataires, aussi complices soient-ils. Je ne sais pas vraiment ce qui m'a pris. Est-ce l'explication de ce matin, avec Cécile, qui m'a rendue plus sensible, plus prompte à m'interroger sur la réalité de nos liens ? Est-ce le vacarme émotionnel de ces derniers jours ? Ou peut-être est-ce tout simplement que je dis à Alexandre ce que je ne peux pas dire à Victor ? Je retourne près des filles pour éviter que mon esprit donne une quelconque réponse à mes questions. Encore une fois, je préfère l'ignorance. Alice et Cécile sont toujours en pleine conversation. Je n'entends pas distinctement le contenu, mais je perçois leur entrain, la douceur de l'instant. Les yeux de Cécile ont retrouvé leur couleur, elle est captivée par tout ce qu'elle entend. Le savoir, l'art et la contemplation la tiennent à distance de ses peurs, pour quelques heures au moins. Bien qu'elle ne soit pas philosophe, il est évident qu'Alice doit rejoindre le programme. Ce qu'elle transmet n'est pas un ensemble de connaissances, c'est une conviction, une vision de l'homme et du rôle qu'il doit jouer dans le monde.

— Dis donc, t'as pris un coup de chaud, toi, non ? T'es plus orange que ma robe !

Elles me jettent un léger coup d'œil, une vague pause dans la leçon. Alice reprend le fil de son développement en s'exclamant comme si elle ne s'était pas coupée :

— C'est comme ça que le philosophe Marsile Ficin fonde une académie platonicienne à Florence. L'histoire est simple... Enfin presque ! Pendant ses études, Ficin découvre Platon et se prend de passion pour sa pensée. Il en parle au très riche banquier florentin, Cosme de Médicis, qui, en bon mécène, lui propose une solution efficace : créer un lieu dans lequel on peut vivre en platonicien ! Ce qui veut dire passer du temps à apprendre, à méditer, à commenter les textes, à s'en imprégner... Enfin, vous voyez, quoi ! Ce lieu, qui se nommera Académie en hommage à son maître, ce sera la villa Careggi à Florence, que Cosme va mettre à la disposition de Ficin. Et c'est dans ce cadre raffiné qu'il va fonder un groupe et élaborer son système de pensée. Il fait du beau une valeur suprême ! Il lui voue un culte ! Il place l'homme dans une position intermédiaire entre le monde et Dieu, une position plutôt centrale, en somme... Bref, en contemplant des choses profanes, comme des tableaux, on s'élève vers le sacré. Il invente un platonisme ouvert aux arts, à la création, qui va faire fureur dans l'*intelligentsia* artistique italienne. Et dites, qui veut encore un peu de café ?

Alice nous a hypnotisées. Nous la regardons, les coudes appuyés sur la table, la tête posée au creux des mains. Nous avons du mal à nous détacher de ce voyage au cœur du Quattrocento. Après l'aridité scolastique du Moyen Âge, la volupté de la Renaissance fait un peu plus rêver.

— Vous savez que Ficin et ses copains allaient même chaque année jusqu'à célébrer l'anniversaire de Platon ?

Nous éclatons de rire. Le soleil tourne autour de nous, allonge nos ombres, puis les fait disparaître. Les enfants jouent en contrebas, Andrea nous a rejointes. Les spritz ont remplacé le café, les conversations deviennent des caresses familières. Je suis happée par l'harmonie qui se dégage. Demain, il sera temps de découvrir Machiavel, d'espérer une réponse d'Alexandre, d'avoir des nouvelles de Théana, et de donner à Cécile le courage de retourner chez elle. Mais la splendeur de l'instant nargue toutes les crises, qui vont et viennent, dans nos siècles comme dans nos vies. Je fais le vœu de me souvenir de ce jardin pour toujours, de le laisser vivre dans ma mémoire comme refuge de beauté. De *grande bellezza*.

Faire face à la fortune
Florence, mois d'avril

> *Si tu savais changer de nature quand changent les circonstances, ta fortune ne changerait point.*
> MACHIAVEL, *Le Prince*, 1532.

— Tu m'envoies un texto en arrivant et tu m'appelles quand tu lui as parlé ?
— Promis.
— Et tu prends bien soin de nos mères et de mon père ! Rappelle-leur qu'ils me manquent !
— Promis aussi. Mais tu devrais leur dire de te rendre visite, tu n'es pas non plus à l'autre bout du monde... !
— Tu as peut-être raison, je vais le leur proposer... Bon, je te laisse y aller, comme ça, tu auras le temps d'acheter un aimant du Ponte Vecchio au *duty free* !
— Tu sais...
— Oui, je sais.

Je serre Cécile contre moi. Contrairement aux premières heures après son arrivée, cette absence de mots entre nous n'a rien à voir avec un quelconque malaise. Notre silence est d'or, éclairé par une confiance inédite, une compréhension mutuelle. Pendant ces quelques jours ensemble, nous avons appris à nous situer autrement, et je sais désormais qu'entre nous la distance géographique ne sera pas celle de nos cœurs. Rechargée par cette étreinte, je la regarde s'éloigner. Je ne mesure pas tout à fait les épreuves qui l'attendent. Quelle va être la réaction de Matthieu ? celle de ses enfants ? Comment s'affirmer sans détruire ? J'ignore les réponses que Cécile va donner à tout cela, mais j'ai la certitude que je serai là pour les entendre.

Je me dirige vers l'arrêt de bus, l'esprit paisible. Il faut environ trente minutes pour rejoindre le centre-ville. Je m'installe, bien calée contre une fenêtre, et ouvre l'édition de l'*Odyssée* qui traîne dans mon sac depuis le départ de Paris. Je parcours les aventures d'Ulysse au compte-gouttes, rallongeant ainsi un peu son périple. Je reprends là où je m'étais arrêtée, et le voilà maintenant prêt à quitter l'île d'Éole, le dieu des vents. Juste au moment de partir, le dieu lui remet une outre en cuir remplie de tous les vents contraires, ceux dont la force est capable de déchirer le monde. Ulysse la garde avec lui, veillant à ce qu'elle demeure bien fermée, mais un soir, alors qu'il est endormi, ses compagnons ouvrent l'outre, la croyant remplie d'or. Les mauvais vents s'échappent. La tempête se déchaîne, semant le chaos. En un souffle fatal, Ulysse et les siens sont ramenés sur l'île d'Éole ; rendu furieux par leur désobéissance, le dieu les chasse avec colère, exaspéré par l'inconséquence des hommes. Le héros repart donc pour une interminable épopée. Je me demande un peu s'il ne fait pas exprès de toujours se retrouver dans de telles contraintes, comme s'il lui fallait chaque fois une nouvelle série d'obstacles afin de comprendre l'importance de son foyer. Les secousses du bus m'empêchent de lire, je range le livre mais je ne quitte pas Ulysse. Que se serait-il passé si l'outre était restée close ? Si personne n'avait désobéi et qu'ils étaient rentrés plus vite à Ithaque ? Le bitume de la route défile sous mes yeux, j'imagine des rafales de vent secouer la mer et malmener l'équipage. Ulysse veut retourner chez lui, certes, mais dans la tranquillité de sa maison, n'aurait-il pas regretté l'ivresse des flots ? En sortant du bus, je m'aperçois que j'ai encore un peu de temps avant le rendez-vous de l'après-midi. Je décide de marcher un peu et d'appeler mes parents :

— Allô maman ?
— Ma chérie ! Tu ne devineras jamais qui on vient de croiser !
— Je peux trouver ? Est-ce que c'est quelqu'un que je connais au moins ?

— Enfin voyons, bien sûr ! C'est Anatole Liposky ! Ton meilleur ami à la maternelle ! Ça faisait au moins quinze ans que je ne l'avais pas vu...

— Tu y vas un peu fort sur le « meilleur ami », non ? On a dû chanter à peine quatre comptines ensemble et baver sur nos peluches respectives, pas certaine que ça fonde une amitié... !

— Eh bien, détrompe-toi ! Il était très heureux de nous voir et il n'a pas arrêté de demander de tes nouvelles ! De toute façon, j'ai toujours trouvé qu'il était charmant. En tout cas, il a extrêmement bien réussi !

— Qu'est-ce que tu veux exprimer par-là, maman ?

— Oh bah, tu vois ce que je veux dire... il est solide sur ses appuis !

Je reçois les mots de ma mère en plein cœur. Que signifie pour elle avoir « bien réussi » ? Les mots lui ont presque échappé et je devine par sa gêne qu'elle les regrette déjà, ce qui est peut-être pire encore, puisque cela signifie qu'elle compare la situation d'Anatole à la mienne. Mes parents n'ont jamais été de ceux qui font peser une quelconque pression sur leur progéniture, ils m'ont laissée libre de mes choix, dans ma scolarité autant que dans mon intimité, mais plus les années passent, plus je sens combien ils aimeraient que je sois moi aussi « solide sur mes appuis », que je gagne en fluidité, que je donne du sens à mes décisions, et peut-être que j'éteigne leurs inquiétudes. Je crois qu'à partir du moment où les enfants viennent au monde, les parents ont la crainte aiguë qu'ils souffrent. L'amour et la responsabilité engendrent une sorte de peur latente, obsédante. Une situation professionnelle enviable, un couple stable, une famille souriante sont autant de repères qui assurent un semblant de bonheur. Lorsque, l'hiver dernier, je me suis retrouvée seule chez moi, à pleurer tout au long de la journée, j'ai pu mesurer à quel point mes parents étaient démunis. Ma peine générait chez eux des sommets de culpabilité, l'impression qu'ils avaient omis de me transmettre un secret, celui d'une recette inratable et, dès lors, ils se sentaient coupables de mon mal-être existentiel. Apprendre à traverser les émotions est bien plus ardu qu'apprendre à bien se tenir à table. Ne voulant pas laisser la conversation s'enliser, je décide de stopper net la biographie d'Anatole Liposky.

— Maman, ça vous dirait de venir me voir ? *A priori*, je pars pour Amsterdam demain. On pourrait faire du vélo sur les canaux et je vous raconterai mon projet, ça avance plutôt pas mal. J'aurai sans doute quelques rendez-vous, mais on pourrait quand même passer du temps ensemble. T'en penses quoi ? Ça plairait aussi à papa, non ?

À la fois soulagée et excitée, la voix de ma mère se perd dans des méandres de joie et de planification. Cécile avait raison : c'est si simple de retrouver le rythme, de briser l'étrange malaise qui s'instaure lorsque les gens ne vivent plus au même endroit ! J'ai la sensation de lui avoir donné une autorisation, un sésame, et d'avoir ainsi ouvert une perspective qu'ils ne m'auraient pas proposé d'eux-mêmes, redoutant sans doute mon refus. Nous nous plongeons dans les modalités pratiques, et après quelques investigations, leur séjour est calé. Nous nous retrouverons le week-end suivant. Je finis par couper court à l'échange, car à force d'avoir le temps, je suis presque en retard. Cette rencontre au consulat français aurait été impossible à décrocher sans le mari d'Alice. Andrea est chargé d'orchestrer le prêt des œuvres artistiques entre son pays et le nôtre. Plus encore qu'une mission logistique, il est surtout un équilibriste des relations internationales, usant d'un tact hors du commun et jonglant entre les assurances et les protocoles. Les arcanes de la diplomatie n'ont rien de mystérieux pour lui, et encore moins les gens qui la font. Lorsqu'il a appris que je cherchais à rencontrer quelqu'un capable de m'initier à Machiavel, il a su en une seconde tirer un nom de son répertoire, supprimant l'étape fastidieuse de la prise de contact. Avec une discrétion d'émissaire, Andrea a tout réglé. Je franchis donc les portes du Palazzo

Lenzi, abritant la présence française, armée d'une efficace recommandation. Mais cela ne dispense pas de la sécurité à l'entrée : carte d'identité, contrôle de mon sac, signature d'un registre. L'aspect solennel de tout cela me fait comprendre que c'est du sérieux, que j'ai de la chance d'être là et que je ne peux pas me permettre de faire perdre du temps à quelqu'un. Le problème, c'est que je n'ai absolument pas préparé cette rencontre pourtant importante. Comme le plus négligent des étudiants, je n'ai même pas pris la peine de taper « Machiavel » dans ma barre de recherche. Du philosophe florentin, je ne connais que le sombre usage du terme « machiavélique », qui n'est pour moi qu'une manière sophistiquée de parler de manipulation. Je chancelle un peu. Je suis accompagnée par un jeune homme discret jusqu'au bureau de M. Lepeuve. Il ne dit pas un mot, si bien que les escaliers en pierre me paraissent interminables.

Trois coups secs et voilà la porte ouverte. Avec un certain étonnement, je découvre qu'il ne s'agit pas de *Monsieur* Lepeuve. Le *M* inscrit devant son nom de famille m'a laissé croire qu'il s'agissait d'un homme, mais en réalité, le *Monsieur* est une jeune femme avenante qui affiche un sourire radieux derrière le bureau. Son chignon laisse échapper quelques mèches indisciplinées. Elle termine un coup de téléphone, mais m'indique avec de grands signes que je peux m'asseoir. Je l'observe en essayant de ne pas la fixer. Je ressens tout de même une vive curiosité face au personnage. Elle agite une plaquette publicitaire en guise d'éventail, ses joues sont rougies par la chaleur qui règne dans le bureau alors que nous ne sommes pourtant qu'en avril. Son chemisier à pois lui confère un air joyeux, autant que son phrasé italien et sa manière de se balancer sur son fauteuil. Quelque chose de juvénile se détache de chacun de ses mouvements, une grâce confuse. La rencontre avec Ambrosio Aguilar et son allure de chanteur de rock m'ont forcée à revoir mes jugements ridicules sur les liens entre apparence et profession, mais je ne peux pas m'empêcher de trouver cette femme incroyablement jolie et accueillante alors que je m'attendais à un vieil homme austère.

— Bonjour, pardonnez-moi, nous organisons un festival de cinéma dans deux mois et le jury s'écharpe sur la sélection comme si nous devions remettre une Palme d'or. C'est comique mais très prenant ! Bon, au moins, ça vous donne une idée de mon métier : marcher sur des œufs en évitant de casser les ego ! En tout cas, bienvenue, je suis Manon Lepeuve. Vous désirez boire quelque chose ? Andrea m'a dit que vous aviez besoin de moi. Quel est votre souci ?

Une présence lumineuse, efficace, une chaleur immédiate. Mes appréhensions s'envolent, je sens déjà que Manon va devenir mon alliée. Même dans sa façon de prononcer le terme « souci », tout chez elle indique qu'elle est déjà en train de le régler.

— Eh bien, pour tout vous dire, je m'occupe d'un programme culturel destiné à faire aimer la philosophie à des jeunes qui jugent, comme beaucoup, qu'elle est totalement inutile. Et je dois admettre qu'il y a encore quelques semaines, j'étais comme eux. Mais à force d'entendre des individus passionnés me la raconter, je m'aperçois qu'elle prend de plus en plus de place dans ma vie. Je me surprends même à penser à Platon quand j'ai une hésitation amoureuse, c'est dire si je change ! Donc, bon, en résumé, j'aimerais donner envie aux gens de rencontrer Machiavel.

Elle éclate de rire et pose son semblant d'éventail. Ses fossettes accentuent son air enfantin mais son regard aiguisé va bien au-delà de moi, elle soupire avec émotion, sans doute satisfaite de contempler ce monde qui la précède.

— C'est incroyable, non ? On tombe dedans et on n'en sort plus. Quelle chance d'être aux prémices de toutes ces découvertes… La première fois, j'avais cinq ans. Mon chien venait de mourir, c'est banal, sauf quand ça nous concerne. J'étais révoltée, incapable d'accepter que la vie ait pu quitter son corps, alors mon grand-père m'a emmenée me promener, il m'a présenté les différentes théories philosophiques sur le devenir de l'âme après la mort. Ce n'était pas une leçon mais une discussion. Il me demandait ce que j'en pensais et avec mes mots d'enfant, je questionnais, sans le savoir, la pensée d'auteurs aussi illustres qu'Aristote. Je composais mon chemin à partir d'eux et je faisais ainsi face à mon deuil. Depuis, je n'ai pas arrêté. J'ai beaucoup lu, mais je n'ai pas fait d'études de philosophie, je ne pourrais jamais me prétendre experte ou professeure, en revanche, chaque événement de la vie me ramène à une promenade avec mon grand-père, je l'imagine à mes côtés, m'offrant ces différents regards. Tiens, d'ailleurs, on étouffe ici, ça vous dirait d'aller dehors et de nous balader dans la Florence de Machiavel ?

Je n'avais pas remarqué ses pieds nus sous son bureau, mais je me rends compte qu'elle se penche pour remettre ses ballerines, tout en m'expliquant combien son chien « Roony » agaçait sa mère. Je l'écoute en riant. Un beagle joueur et excité et une jeune femme espiègle, deux nouveaux personnages à inscrire dans ma curieuse galerie philosophique. En un rien de temps, nous voilà dehors. Le soleil est adouci par le vent, Manon s'exprime avec une aisance et une convivialité qui, je crois, vont au-delà de son rôle diplomatique de consule honoraire.

— Vous savez, Pénélope, la première chose à saisir est que le sort de Machiavel est étroitement lié à celui de Florence. Il ne se définit pas comme écrivain ou philosophe, mais comme un serviteur dévoué pour sa ville. Il naît en 1469 dans une famille de la petite noblesse à une époque de grande confusion politique. Les institutions restent officiellement républicaines, mais la famille de marchands que sont les Médicis détient le pouvoir et les frères l'exercent comme des princes ! Vous avez dû vous en apercevoir en circulant dans les rues. Leur compagnie est si prospère que leur influence devient considérable. Leur prestige permet tous les excès. Mais les affres des hautes sphères offrent peu de répit... Lorsque Laurent de Médicis meurt en 1492, les affaires vont mal, la compagnie fait faillite et les Médicis sont évincés ! Après quelques années de patience, le temps de Machiavel est enfin venu ! En 1498, il est nommé chef de la Seconde Chancellerie, puis secrétaire du « Conseil des Dix » en charge des rapports avec l'étranger. Il se déplace un peu partout, réalise des missions passionnantes, travaille auprès du pape Jules II, de Louis XII... En somme, c'est son heure de gloire !

— On dirait vraiment que vous racontez une série télé !

— Mais attendez, ce n'est que le début ! Venez, passons par là...

Manon m'entraîne dans une ruelle, je la suis sans sourciller, captivée par les aventures que sa voix met en scène.

— C'est donc la belle vie pour Nicolas Machiavel ! Mais c'est sans compter une petite donnée... Le retour au pouvoir des Médicis en 1512, qui profitent d'un tumulte politique ! Bien entendu, les vengeances font rage... Machiavel est évincé. Pire encore, des amis à lui sont arrêtés, accusés de conspiration, et c'est bientôt son tour d'être emprisonné et torturé. Il est rapidement amnistié mais sa vie politique s'achève et il est assigné à résidence à quelques kilomètres de Florence. Et c'est dans cet endroit de retraite, à Sant'Andrea in Percussina, qu'il commence à rédiger les chefs-d'œuvre philosophiques qu'on lui connaît. Ces textes sont donc le fruit d'une longue expérience, d'une vie au cœur de l'action !
— Il va raconter toute son histoire ?
— Presque ! Mais d'une manière extrêmement habile. Arrêtons-nous juste quelques secondes dans la cour de ce palais... Je ne sais pas depuis combien de temps vous êtes à Florence, vous l'avez peut-être déjà vu, mais il faut pénétrer à l'intérieur. C'est le Palazzo Medici Riccardi. Sa construction a été commandée par Cosme de Médicis. Ce n'est qu'un

palais parmi d'autres, mais il faut vous imaginer la richesse que tout cela représentait, le faste inouï de cette ville. La Renaissance ne peut pas être comprise si l'on ne saisit pas cette atmosphère grandiose. C'est ce que j'aime ici, tout est spectaculaire. Regardez cette cour carrée, cette pierre gris-bleu, cette statue d'Orphée, et les autres, en terracotta. L'attention est portée sur chaque détail. L'homme sait qu'il peut être créateur de perfection.

Manon tourne sur elle-même, comme pour absorber l'ensemble. J'ai très envie d'entendre la suite de son récit sur Machiavel mais je ne veux pas brusquer ce moment de contemplation. Être « créateur de perfection », quel projet... ! Quelle est la dernière fois que j'ai tenté une telle entreprise ? Je repense à la conversation avec ma mère, peut-être est-ce la clé pour réussir sa vie, vouloir en être le créateur et viser un idéal d'harmonie ? C'est finalement Manon qui reprend le fil de la conversation.

— Je ne m'en lasse pas... Mais revenons à notre feuilleton ! Alors qu'il est exilé à la campagne, Machiavel se met en tête de rédiger un ouvrage dédié à Laurent de Médicis, tout ça en espérant que celui-ci le réhabilite. Cela n'arrivera pas, mais *Le Prince* va devenir un texte incontournable pour la science politique moderne. C'est un véritable guide pratique pour les classes dirigeantes ! Comment acquérir le pouvoir ? Et surtout, comment le conserver une fois acquis ? Pour lui, le pouvoir ne vient ni de Dieu ni de la nature... Il se gagne. C'est une pensée aussi originale que passionnante.

— Et donc, il s'obtient en étant machiavélique ? C'est donc pour ça qu'on utilise ce mot ?

— Bien au contraire ! Encore une énorme confusion, comme on en trouve souvent dans l'histoire de la philo ! Venez, continuons par ici, je vais vous expliquer.

Manon accélère le pas. Je remarque une légère crispation dans sa main comme s'il fallait défendre Machiavel, le préserver d'un funeste héritage. Elle nous dirige vers un autre chemin, confiante dans mon désir de poursuivre cette étonnante promenade. Andrea a eu une remarquable intuition. Après le berceau grec, la scolastique d'Ambrosio, l'engagement culturel d'Alice, il fallait cette fougue narrative pour dévoiler l'importance de la Renaissance. Je ressens une confiance grandissante, je sais d'ores et déjà qu'elle sera à Athènes, qu'elle acceptera d'être à nos côtés, invitant les jeunes gens à pratiquer la politique, à se l'approprier.

— Je vais vous dire : le malentendu autour de l'œuvre de Machiavel vient d'une seule et unique phrase, une sorte de résumé abusif qui prétend que « la fin justifie les moyens ». Sur ces quelques mots, la postérité a fait de lui un sombre manipulateur prêt à tout. Évidemment, c'est bien plus subtil que cela. C'est vrai qu'il donne au prince des conseils pour anticiper les effets de son comportement sur le peuple et pour rester maître de la situation, en ayant parfois recours à la crainte et au mensonge, mais c'est oublier un peu vite que l'enjeu derrière cette entreprise est avant tout d'éviter la guerre, de préserver la stabilité de la cité.

— Oui, mais du coup, ce n'est possible que si on s'affranchit de la morale...

— Vous avez raison ! Ça peut choquer mais ça fonctionne. Le prince est celui qui sait adapter sa volonté d'agir, ce que l'on appelle la *virtù*, aux circonstances changeantes, à savoir la *fortuna*. Régner est une épreuve de réalisme et d'efficacité, un travail de funambule ! Le prince incarne l'État, il représente son unité et il doit en assurer la pérennité, et pour ça, il doit parfois faire des choix qui nous dépassent. L'ordre politique a ses nécessités propres, lesquelles exigent des actes et des raisonnements qui ne peuvent pas être jugés à distance, sans connaissance du contexte. Ça ne vous est jamais arrivé de prendre une décision que vous savez être juste mais qui n'est pas comprise par les autres ? Machiavel nous aide à aiguiser notre sens de la nuance. Faire de lui l'ami des tyrans, c'est nier la puissance de son propos. Et puis... Oh là là, mais il est déjà 16 heures ! Pénélope, je dois vite retourner au bureau. Je me laisse toujours un peu avoir par la *fortuna*, et j'en oublie la *virtù* ! Je suis vraiment désolée, mais j'ai une réunion que je ne peux pas louper. Je pourrais continuer à marcher avec vous pendant des heures mais le devoir m'appelle, et pas seulement le pouvoir !

Ses fossettes se dévoilent de nouveau, elle semble prête à courir dans les rues de Florence, l'œil alerte, avec l'énergie de ces cœurs passionnés que rien n'arrête. Je n'ai qu'une envie, me plonger dans Machiavel. Éviter la guerre, préserver la stabilité n'est sans doute pas qu'une affaire de princes. Tous ceux qui veulent protéger un système y sont confrontés. Mais je me demande si cette idée d'agir pragmatiquement, indépendamment de la morale, serait tenable pour moi, et si je serais en mesure d'assumer ce que cela implique. Finalement, Manon est parvenue avec moi à la même prouesse que son grand-père, elle m'ouvre un champ de réflexions qu'il me reste à m'approprier.

— Pénélope, restons en lien. Je ne sais pas comment vous aider, mais je sais que je peux le faire. Votre programme est une belle idée. J'ai des contacts qui peuvent vous servir. Andrea m'avait prévenu, vous dégagez quelque chose de particulier, on ne peut rien vous refuser !

Elle prononce ces derniers mots si loin de moi que je peine à les entendre. Pourtant, ils me font rougir lorsqu'ils percutent enfin mon oreille. Voilà longtemps que je n'ai pas entendu un compliment, ou plutôt que je n'ai pas accepté d'en recevoir. Je n'ai pas fait grand-chose à part me promener dans Florence, je ne suis même pas à l'origine de ce programme, mais pour une fois, je cesse de me dénigrer et j'accepte l'idée que ma sincère curiosité est suffisante pour être appréciée, et surtout pour convaincre. Plus les jours passent et plus je parviens à retrouver ce que j'avais perdu en me séparant de Victor, de mon travail, et de Paris, c'est-à-dire la conviction que je ne vais pas m'écrouler, et que même si l'outre contenant tous les vents s'ouvre devant moi, je survivrai à la tempête. Je viens de franchir une étape de plus dans mon périple et, malgré le bonheur dans lequel je baigne à Florence, je ressens déjà l'urgence de partir, de remercier Andrea, de convenir de la suite avec Alice, de retrouver mes parents, d'entendre Cécile, de raconter mes rendez-vous à Théana, d'aller à la rencontre d'autres penseurs. Moi aussi, je peux réussir. Peut-être pas à la façon d'Anatole Liposky mais à la mienne, et ce sera déjà pas mal. Je marche au hasard des rues pour atterrir devant l'église Santa Maria Novella. La façade emblématique en marbre vert et blanc est une prouesse de l'architecte Leon Battista Alberti. Alice m'a appris qu'il mettait ici en application ses principes esthétiques développés dans des traités théoriques. Pour lui, l'édifice est comme un tout, dont chaque élément est solidaire. L'expression de Manon Lepeuve revient à mon esprit, être « créateur de perfection » et bâtir le monument de sa vie pièce après pièce.

Je m'installe dans un café juste à côté. J'ai beaucoup de choses à organiser. Je veux profiter de mes parents et ne pas être limitée par les différentes rencontres. Je veux aussi tenir Théana informée de mes plans, lui insuffler du courage. Sauf qu'en réalité, en me connectant à ma boîte mail, je dois admettre que j'espère surtout avoir un mail d'Alexandre. Je n'ai pas de nouvelles depuis mon dernier appel de l'autre soir, mais ces quelques phrases laissées sur un répondeur ont donné un corps solide à ce qui n'était que sensations diffuses. Il me plaît. Ce n'est pas une attirance futile, ni l'ambition d'un flirt distrayant, c'est plutôt le seul individu que mon cœur brisé accepte de concevoir, un risque audible pour mes sens malmenés. Je refusais de me le formuler, il m'a fallu la splendeur volontaire de cette Italie renaissante pour que mes sentiments parviennent à trouver le chemin de ma conscience.

Il n'y a pas de message de lui. Il est sans doute submergé par ces heures à l'hôtel et le soutien qu'il apporte à Théana à l'hôpital. Je suis déçue, mais comme une adolescente impulsive, je décide d'aller au-delà de mon timide « je voudrais que tu sois là » balbutié sur sa messagerie. Je me sens pleine d'une vitalité inédite. Il faut que je parte d'ici en étant rentrée dans un âge nouveau. Galvanisée par la détermination de Christine de Pisan, et par le pragmatisme de Machiavel, je m'élance, une lettre chassant l'autre, pour surtout éviter de me relire.

« From : penelopedessauges@yahoo.fr
To : alextecraso@gmail.com

Il faut que je te raconte. Quand j'étais petite, je restais allongée dans mon lit, en regardant le plafond, et j'attendais l'élément déclencheur qui allait faire de moi une adulte autonome et épanouie. Je fermais les yeux très fort et j'espérais de tout mon cœur qu'en les rouvrant l'univers aurait changé. Tu t'en doutes, ça n'a jamais marché. Ma maîtresse était toujours aussi sévère, Cécile continuait d'être plus habile à la danse et mes parents à rentrer trop tard. Et pourtant, même en grandissant, j'ai continué le même rituel. Souhaitant toujours que les choses changent, et que je change avec elles, pour enfin devenir une meilleure version de moi-même. Quand Victor est parti, j'ai scellé mes paupières de toutes mes forces, convaincue qu'un miracle allait finir par nous sauver. Ma seule conviction était que le salut ne pouvait pas venir de moi, mais bien du monde autour, de cette magie qui explique l'inexplicable. Au fond, tu sais, partir à Ithaque ou à Athènes répondait au même désir : combler mes vides, déclencher ce qui doit l'être. Sauf qu'en fait le déclic n'existe pas. Tout est là. Tout est déjà là. Mais ce qui diffère, c'est juste que, soudain, je suis capable de le voir, parce que au lieu de fermer les yeux je les ouvre. Et là, devant cette façade en marbre, c'est toi que je contemple, toi et tes boucles, et ta philosophie, et tout ce qu'on pourrait construire ensemble. Créer notre perfection. Je voudrais que tu sois là pour vivre cette Renaissance avec moi. »

Je clique sur « envoyer » et claque l'écran de mon ordinateur. Ce n'est pas vraiment du soulagement, ce n'est pas non plus de la crainte, c'est un état second. Je me sens à la fois ridicule et fière.

Les cloches sonnent dans l'église Santa Maria Novella. Mes tempes sont irriguées d'un sang neuf. Je ne parviens pas à me concentrer sur le reste. Je n'ai rien commandé au serveur mais je me lève déjà, il est l'heure d'aller faire ma valise. Sur la place, j'aperçois un beagle essayant d'attraper des pigeons.

L'hymne à la joie
Amsterdam, mois de mai

> *Nous ne désirons pas une chose parce qu'elle est bonne, mais au contraire, c'est parce que nous la désirons que nous disons qu'elle est bonne.*
> Spinoza, *L'Éthique*, 1677.

La lumière de la bibliothèque est si tamisée qu'il faut se pencher pour voir distinctement. Je m'enroule dans mon gilet, remarquant que je ne suis plus habituée à l'humidité, à ce léger frisson qui semble se glisser jusque dans la moelle épinière. Proche des canaux, la froideur du soir se fait encore plus vive. Voilà trois jours que je dévore un manuel sur l'humanisme et sur les sciences. « Et pourtant elle se meut », je me répète cette phrase en boucle. En la prononçant à son procès en 1633, le pauvre Galilée avait-il saisi qu'il allait provoquer une telle rupture dans l'histoire de la pensée ? Ça me paraît vertigineux. Ce qui est pour nous une évidence a nécessité tellement d'efforts, de questionnements, de travaux, de scandales, pour être enfin accepté ! Nicolas de Cues, Nicolas Copernic, Giordano Bruno, Galilée…, combien de philosophes et de scientifiques ont dû s'opposer à l'autorité pour faire entendre le résultat de leurs recherches ? En est-il de même pour tout ce que nous tenons pour vrai ? Le surveillant fait les cent pas à côté de moi, la salle de lecture de la bibliothèque doit fermer. Après avoir rendu le livre emprunté dans le rayon francophone, je signe la feuille d'émargement avant de sourire poliment à la personne de l'accueil qui s'est déjà habituée à mon visage. Depuis mon arrivée aux Pays-Bas, j'ai décidé de venir chaque jour travailler ici. À peine installée dans mon studio de location donnant sur le Bloemenmarkt, l'impressionnant marché aux fleurs, j'ai ressenti le besoin fulgurant de lire par moi-même, de me confronter personnellement aux écrits. Pas juste une page ou deux avant de sombrer dans le sommeil, ni un épisode d'Ulysse, lu avec mélancolie, mais plutôt des ouvrages spécialisés pour tenter d'appréhender, avec un peu plus de finesse, la curieuse histoire dans laquelle je suis plongée depuis mon départ. C'est dans l'avion, en rédigeant les notes que je voulais envoyer à Théana, que m'est venue l'idée de prendre un peu plus part à tout cela. Je ne voulais pas me contenter encore une fois d'arriver dans une ville, de rencontrer un interlocuteur et de lui poser des questions à la légère, en espérant qu'il soit aussi bavard qu'Ambrosio et aussi enjoué que Manon.

Je voulais me sentir active, une force en présence, capable moi aussi d'interagir réellement, et de comprendre ce que sont devenus les élans de la Renaissance. Alors je lis, je fais des fiches comme à la fac avec Cécile, mais cette fois-ci en étant bien plus captivée par toutes ces péripéties traversées par tant d'hommes avant nous.

Mes parents m'ont rejointe hier. Pour leurs premiers jours, nous sommes convenus de nous retrouver le soir un peu avant le dîner, afin que je puisse avancer dans mes lectures et qu'eux, de leur côté, puissent profiter des musées, si nombreux ici. Le Rijksmuseum mérite à lui seul des heures de visite si l'on veut observer la précision des toiles de Rembrandt. C'est d'ailleurs le programme prévu par mon père et ma mère, qui semblent vraiment heureux d'être là, certes pour me voir, mais aussi pour devenir experts en peinture flamande. Nous avons donc des repas studieux, où ils dissertent sur l'histoire de l'art, tandis que je leur fais découvrir celle de la philosophie. Ce séminaire familial a permis de fluidifier nos retrouvailles, et sans doute de couper court à quelques discussions délicates sur le « vrai métier » que je comptais faire ou sur ma date de retour. Les deux sujets qui, aux dires de Cécile, les plongent dans un état d'angoisse plutôt incontrôlable.

— Ma chérie ! On est là !

J'aperçois ma mère me faisant de grands signes de l'autre côté du canal. Chevauchant son vélo, elle semble toujours avoir habité là. Sa capacité d'adaptation fait d'elle une sorte de caméléon. Quel que soit le lieu, elle observe, apprend et trouve sa place. L'étrange facilité qu'elle a de se glisser dans d'autres vies que la sienne lui confère une souplesse enviable, mais aussi une pointe d'intolérance à l'égard de ceux qui n'y parviennent pas, à commencer par mon père, toujours en dehors du rythme. C'est bien simple, il est même descendu de sa bicyclette, tant la traversée de la rue, jalonnée de rails de tramways et de cyclistes aguerris, lui paraît insurmontable. Il suit ma mère, indifférent à l'exaspération qu'elle ne manque pourtant pas d'exprimer. Mon père et ma mère incarnent deux manières d'être au monde, que je tente d'apprivoiser depuis l'enfance. J'oscille entre la sensibilité extrême de mon père, dont le point d'orgue est une petite tendance au malaise vagal, et la puissance de ma mère, caractérisée par cette aptitude à sauter dans le vide, quitte à atterrir en Grèce. D'ailleurs, lorsque j'ai décidé de partir, la réaction de mes parents a été à leur image. Mon père, bouleversé à l'idée que je ne sois pas plus heureuse là-bas, faisait peser sur moi des regards inquiets. Tandis que ma mère était contrariée par une foule de détails pratiques, comme si, à trente ans, je n'étais toujours pas apte à envoyer correctement un document administratif. Plutôt que de naviguer entre ces deux eaux, sans doute faut-il que j'apprenne à trouver mon propre ton.

— Mais que fait ton père ? S'il était resté sur son vélo, on serait déjà installés dans le restau ! J'ai trouvé une super-adresse juste à côté, ça n'a rien de hollandais, c'est un restau chilien mais j'ai lu que c'était délicieux. Tu as bien travaillé, ma chérie ?

La situation n'est pas la même qu'avec Cécile. Il n'y a pas vraiment de tabou, ni de tension sous-jacente, il s'agit plutôt de réapprivoiser le quotidien et d'éviter des sujets inutiles qui pourraient rendre leur séjour pénible. Le couple, le travail, les enfants sont des zones de danger, car nos visions ne sont pas conciliables, et ce n'est pas une conversation qui pourrait transformer nos regards. Heureusement, il reste le savoir.

— Oui maman, j'ai hyper bien avancé dans mes recherches. Je suis fascinée ! Vous vous rendez compte ? Avec la révolution scientifique, l'Univers n'est plus clos, il est devenu infini. Et non seulement la Terre n'est plus au centre de l'Univers, mais en plus, elle tourne ! Toutes nos conceptions traditionnelles sont bouleversées. L'expérimentation et l'observation remplacent la Bible, et même la physique d'Aristote, qui cherchait une cause première. Désormais, au lieu de dire « c'est écrit », on cherche, on dissèque, on regarde. C'est l'idée que les phénomènes naturels répondent à des liens de cause à effet qu'il nous suffit de découvrir. C'est comme ça qu'on passe à la physique moderne ! Et c'est ce génie de Galilée qui impose, au XVIe siècle, une conviction qui ne va plus nous quitter. Pour lui, la science doit devenir objective, elle ne peut pas être faite d'opinions. Tiens, prends cette salière... Tu la tiens bien ?

— Oui, je ne bouge pas.

— Pour toi, c'est léger. Si je la tends à un jeune enfant, ce sera peut-être lourd. Mais en fait, la science ne consiste pas à dire « c'est lourd » ou « c'est léger », car ça, ça dépend toujours de celui qui la porte ! En revanche, ce qui n'en dépend pas, c'est de dire combien ça pèse : « 10 grammes », ça, c'est de la science !

— Et si je fouille dans mes souvenirs de terminale, ce n'est pas notre cher compatriote Descartes qui nous compare à des machines ?

— Exactement, papa ! Bonne note ! D'ailleurs, tu sais que Descartes a vécu à Amsterdam ? Dans le quartier des bouchers ? Comme ça, il pouvait se livrer à des dissections. C'est en faisant ça qu'il compare le corps à une machine. Il pense qu'on peut tout expliquer ! En fait, c'est toute la nature qui est comme une machine dont le fonctionnement produit des phénomènes. Elle peut être composée et décomposée. Mais ce n'est pas tout ! La physique mécaniste, sur laquelle repose la pensée de Descartes, implique que les phénomènes se déroulent dans un espace, dans l'étendue. Le corps a une étendue, puisque, par exemple, je peux te serrer dans mes bras, mais l'esprit lui, n'a selon lui pas d'étendue, il est nulle part. L'âme et le corps sont donc deux choses différentes, deux substances distinctes, c'est ce qu'on appelle le dualisme. Le corps a une étendue, l'âme non. Mais l'âme est unie à toutes les parties du corps. Bon, j'en suis là pour l'instant. Et ça me pose deux ou trois problèmes. Je trouve ça très étrange de penser que l'âme et le corps sont distincts mais non séparés... Imaginez un couple distinct mais non séparé ! Qu'est-ce que ça veut dire ?

— Moi, je vois très bien ! C'est quand l'autre vit dans un autre appart mais qu'il influence quand même tes choix. C'est assez courant.

— Merci, maman, pour cette analyse, je pense que mes manuels scientifiques seraient très preneurs de ton explication !

— En tout cas, ma chérie, je ne t'ai jamais vue aussi passionnée... Et je dois dire que j'ai tout compris ! Tout ça en lisant seule à la bibliothèque, bravo ! Tu continues demain ?

— Oui, le matin, mais l'après-midi, je nous ai réservé une visite guidée, le « Spinoza Tour ». On verra ce que ça donne, mais assez parlé philo, à vous de me raconter, comment c'était, vos musées ?

Nous partageons des empanadas en attendant que nos ceviches arrivent. Tout me semble un peu irréel. La présence de mes parents, ce restau chilien au cœur d'Amsterdam, et mes discussions philosophiques remplaçant mes récits de dossiers juridiques. Il serait difficile d'expliquer ce qui a produit cette situation. Et en arrière-plan, mes pensées pour Alexandre et sa curieuse réponse à mon message, à la fois tendre et douce, mais aussi, je dois l'admettre, tout à fait évasive. Ou peut-être pudique. Je meurs d'envie d'aller le voir, de ne pas être soumise aux ambiguïtés de la correspondance. Mais en attendant, j'écoute sagement la conférence paternelle sur l'art flamand du XVIIe siècle.

— Tu vois, ce tableau de Rembrandt, *La Ronde de nuit* ? Eh bien, il est tout à fait exceptionnel ! Je n'ai pas d'autre mot ! Tu devrais aller le voir ! Ta mère est passée bien trop vite devant, mais je t'assure qu'en le regardant attentivement il est à couper le souffle. Il représente des gardes qu'on appelle les kloveniers parce que le terme *klover* désigne une sorte d'arquebuse. Mais au milieu de tous ces hommes, il place une jeune fille. Oui, une jeune fille ! Et la lumière tombant sur elle est spectaculaire. Elle est comme la mascotte de la troupe. Mais je pense que ce qui m'a le plus impressionné, c'est que Rembrandt compose son groupe comme si chacun des participants était absorbé, individuellement, dans sa propre action. Chaque personne semble dans son monde. C'est le premier tableau de ce genre ! Je me demande si je ne vais pas y retourner pour le voir. Tu n'auras qu'à venir avec moi.

— Ton père est gentil mais il oublie de dire qu'on a quand même fait une heure trente de queue pour entrer ! Et encore, on avait des billets coupe-file, il faudra s'organiser si vous y retournez... Mais c'est vrai, ça vaut le coup. Même si moi, je préfère Vermeer. Tu as déjà vu *La Femme en bleu lisant une lettre* qu'il a peint en 1663 ? Attends, je vais te montrer.

Ma mère sort son téléphone : habituée à toujours appuyer ses propos par une recherche sur Internet, elle utilise l'écran comme un professeur son tableau noir. Je termine mon assiette en attendant qu'elle tape le nom du tableau dans la barre de recherche. Elle s'impatiente le temps que la page se charge, surprise que la technologie ne soit pas aussi vive que ses désirs.

— Ah tiens, ça y est ! Regarde ce mélange de bleu et d'ocre. Tu vois à quel point c'est délicat ? Le spectateur est comme tenu à distance, il est presque voyeur, pris dans l'intimité de la scène. Cette jeune femme est si absorbée par sa lettre que rien ne peut la déranger, pas même tous ces yeux posés sur elle. Et puis, vraiment, il faut que tu voies ces couleurs en vrai... Vermeer a utilisé l'outremer. Un pigment qu'on obtient en broyant du lapis-lazuli.

Les pierres étaient extraites dans des mines du côté de l'actuel Afghanistan et transportées par bateau jusqu'en Italie avant d'être redistribuées partout en Europe. Ça aussi, c'est une sacrée histoire !

Je prends le téléphone dans mes mains. Effectivement, la toile, que je ne connaissais pas, est impressionnante de délicatesse. La jeune femme est debout, de profil et lit son courrier avec une attention extrême. Il ne peut s'agir que d'une lettre d'amour. Je suis émue par cette vision, émue d'être témoin de sa lecture. Durant quelques secondes, je n'entends plus les explications érudites données par mes parents. Je suis suspendue au contenu de la missive. Je repense aussi à la fameuse lettre, cachée dans la pochette de cours de Cécile, et dont il m'a fallu si longtemps pour percer le mystère. Que serait l'amour sans les correspondances ? Soudain les vibrations du téléphone m'arrachent à ma rêverie. Un rectangle blanc s'affiche au-dessus de l'écran, coupant le haut de la peinture. Machinalement, je lis le nom de l'expéditeur ainsi que la première phrase, apparaissant presque brutalement sous mes yeux. En gras, jaillit le prénom de Victor, puis : « Alors est-ce qu'Amsterdam vous... » Le sol s'ouvre sous mes pieds. Ma tête semble serrée entre deux étaux. Mon estomac se noue avec violence, provoquant un spasme profond. Bien pire qu'un malaise, c'est un tremblement de terre. Victor, à qui je me retiens d'écrire depuis des mois. Victor, que je me convaincs d'avoir oublié. Victor, avec qui j'ai failli tisser ma vie. Ce même Victor écrit à ma mère. Je ne comprends pas la logique de l'événement. Je suis en état de choc. La mince stabilité que je pensais avoir acquise vole en éclats. Un « pourquoi » incessant ravage mes capacités de compréhension. Me voyant blêmir, mes parents s'affolent, m'interpellent. Je ne parviens pas à formuler une phrase. Ma mâchoire se coince. Un mélange de panique et d'incompréhension retient mes mots. Mon père et ma mère sont figés en face de moi.

— Tu as... Tu as... reçu... un texto... de Victor...

Une fois prononcé, ça me semble encore plus absurde. Certes, mes parents l'ont toujours apprécié. Sa culture, ses attentions, sa détermination faisaient de lui un gendre rassurant, un pilier dans la construction de mon épanouissement. Cependant, au cours de toutes ces années, je n'ai pas le souvenir qu'ils aient été particulièrement complices. Leurs moments vécus en commun l'ont surtout été avec moi. Dès lors, lorsque nous nous sommes séparés, il m'a semblé indubitable que cela mettait aussi un terme à leur relation. Les circonstances de notre rupture, mon chagrin inconsolable, le choix de Victor de retirer toutes ses affaires de notre appartement ont rendu évident le cloisonnement entre nos deux univers, comme un pacte tacite qui impose aux uns et aux autres de définir où se situe leur camp. Alors comment expliquer que ma mère puisse non seulement recevoir un texto de sa part, mais surtout un texto indiquant que les échanges sont courants, sinon comment aurait-il su que mes parents sont à Amsterdam ? La stupeur se métamorphose peu à peu en colère. J'ai autant envie de partir d'ici que d'entendre ce qu'ils ont à me dire. Et vu la gêne qui s'imprime sur le visage de ma mère, je me dis que cela doit valoir la peine.

— Maman, j'ai besoin de savoir.

Son silence vient amplifier mon étonnement. Ma mère est avocate, elle est une femme de paroles, de convictions, de diatribes. Ses mots fusent, armés de certitudes et de défi. Elle rebondit sans cesse, n'aimant que la confrontation. Pourquoi à cet instant se fait-elle muette ? Mais puisque le monde chavire, c'est mon père, d'habitude si réservé, qui prend le relais.

— Ma chérie, tu sais, nous aimons beaucoup Victor. Votre séparation a été très difficile à vivre. Après tout ce temps, nous étions attachés à lui, nous pensions vraiment que vous alliez rester ensemble pour une vie entière. Mais il y a quelques semaines quand nous l'avons croisé dans le quartier, et qu'il nous a dit qu'il revenait s'installer en France après son passage à New York, je dois dire que nous n'avons pas résisté à l'inviter... Nous voulions... Nous voulions savoir comment il allait.

Je reçois trop d'informations en quelques secondes. Le goût du ceviche me revient avec acidité. Victor est à Paris et il dîne chez mes parents. Un univers parallèle s'est érigé à mes dépens. Je préférais quand ils se contentaient de croiser Anatole Liposky. Je ne sais pas quoi faire de tout ce que j'apprends. Pourquoi ne me l'ont-ils pas dit ? Pourquoi Victor ne m'a-t-il pas écrit ? Cécile était-elle au courant, elle aussi ? Que se racontent-ils en dehors de moi ? Mes pensées tourbillonnent. Le goût salé de mes larmes envahit mon palais, il se mêle aux saveurs chiliennes et se diffuse dans toute ma gorge. Je ne bouge pas, ne parle pas, j'attends que les choses s'éclairent, que mon cerveau parvienne à se frayer un chemin parmi ces vagues d'incohérence. Ma mère se redresse et saisit le téléphone resté posé devant moi. La raideur de son dos indique qu'elle a repris son rôle d'avocate prête à plaider.

— Mais que voulais-tu ? Que je change de trottoir en le voyant ? Que je bloque son numéro ? Tu veux lire le contenu de ses messages ? Victor a toujours été adorable avec nous, mais aussi avec toi, Pénélope. Tu as fait tes choix et nous les respectons, mais ne me demande pas de faire les mêmes ! Je te rappelle que c'est toi qui as refusé ses demandes en mariage, toi qui n'as pas voulu d'enfants, toi qui lui as demandé de partir. Comment devait-il réagir ? Vous vous êtes séparés parce que tu étouffais et que tu avais décidé que vous étiez dans une impasse, alors vraiment ne rejette pas la faute sur lui... Il veut juste prendre de nos nouvelles et des tiennes ! Ce n'est pas un crime !

— Et pour ça, il ne peut pas m'appeler directement ?

— Pénélope, cet hiver, tu allais si mal que plus personne ne savait comment t'aborder ! Et puis après, tu nous as fait cette... cette... cette crise d'adolescence en partant en Grèce !

Tous les clients et le personnel du restaurant sont tournés vers nous. Il ne reste qu'un fond de musique comme bruit ambiant. « Une crise d'adolescence », voilà au moins une manière claire de définir mes derniers mois. Loin d'être une héroïne grecque délaissée par son mari aventurier, je revêts l'image d'une jeune fille impertinente qui aurait quand même pu faire un effort. Il a fallu cette tirade maternelle pour révéler au grand jour ce mélange d'animosité, d'angoisses, de reproches et de lassitude retenu depuis longtemps. Ni le soutien sincère ni l'amour profond n'empêchent d'émettre des jugements. Ce que mes parents nomment

« crise d'adolescence » est aux antipodes de leur définition d'une existence accomplie. J'ai désobéi aux codes. Je n'ai pas été sage. Je n'ai pas fait ce qu'on attendait de moi. Et surtout, je n'ai pas su apprécier ma chance, savourer cette enveloppe offerte par le destin. Au fond, c'est cette même impertinence qui a suscité la jalousie de Cécile. Elle a envié ce courage que mes parents nomment inconséquence. Il y a quelque temps, une telle phrase m'aurait plongée dans une culpabilité abyssale. J'aurais éclaté en sanglots, demandé pardon, justifié le tout et même le n'importe quoi, si triste de les décevoir ou de les inquiéter. Cependant, ce que mes parents oublient, c'est que souvent, après une crise d'adolescence, on devient adulte. Ou plutôt, on tente de donner une direction à ses vertiges, on avance à tâtons en essayant de faire de son mieux. Peut-être ont-ils raison : il me fallait cette crise pour que finalement j'apprenne à me faire confiance. J'avais besoin d'un rite de passage, d'une épreuve me permettant de saisir que les éléments de ma vie, qui me semblaient immuables, pouvaient être bougés. Mais je m'accorde aussi avec mes parents sur un autre point. Victor est un homme merveilleux. Est-ce que cela suffit à faire de nous des gens heureux ?

Je calme mon rythme respiratoire. La vision de son prénom sur le téléphone a été une énorme claque. Mais ce curieux concours de circonstances, cette ironie du sort, m'oblige à me rendre à l'évidence. C'est effectivement à moi d'appeler Victor. Le laisser ainsi habiter mon esprit, en feignant l'oubli, n'a aucun sens. Il occupe mes regrets et s'infiltre dans mes nuits. Si je veux lutter contre ma détresse, il est impératif d'ouvrir cette porte, et nous devons la franchir ensemble, sans laisser mes parents être des médiateurs intrusifs et maladroits. Le restaurant a repris sa cadence, seule notre table est statique. Mon père regarde le sol, mortifié, ne parvenant pas à analyser la teneur de ce qui vient de se passer. Quant à ma mère, elle tend la main vers moi, comme si ses gestes allaient adoucir ses mots, leur donner une autre traduction. Je suis blessée, encore bouleversée, mais s'affranchir, n'est-ce pas aussi arrêter d'en vouloir aux autres ?

— J'ai oublié de vous raconter une chose que j'ai lue tout à l'heure... À la suite de Descartes et de ses travaux, les philosophes vont se détacher peu à peu de la pensée d'Aristote, qu'ils vont trouver désuète. Pour eux, il ne s'agit plus de commenter, ni de s'appuyer sur ce qu'ont écrit ou pensé les Anciens, au contraire. Il s'agit maintenant de chercher le vrai, par soi-même, en utilisant sa seule et unique raison. Le savoir s'acquiert à partir de l'individu, et pas seulement en lisant un texte. C'est cette démarche qui inaugure la modernité philosophique... Maintenant, j'ai besoin de me reposer un peu.

Je vais vous laisser prendre le dessert. On se retrouve demain pour la visite guidée.

Je décide de rentrer à pied, en longeant au maximum les canaux. Amsterdam est une ville passionnante en termes d'innovations architecturales. Son manque de place, sa forte densité et sa situation sous le niveau de la mer sont autant de contraintes qui ont forcé les architectes de chaque époque à faire preuve d'inventivité. Les constructions récentes subjuguent par leur technicité, le travail sur la hauteur et l'importance de l'isolation sont au cœur des problématiques de construction. Je me laisse happer par l'acier, le verre, le béton, qui créent une nouvelle grammaire entre le ciel et nous. Je n'ai pas besoin d'une carte pour me repérer, mes pieds ont mémorisé le trajet. Je ne rumine pas le dîner, je me laisse juste envahir par l'espace. Plus proche du centre, on retrouve les maisons typiques qui peuplent les cartes postales. Les façades des bâtiments ont tendance à être inclinées vers l'avant, elles ne sont pas figées, comme si elles accueillaient les tremblements du sol, rendu mouvant par le passage de la rivière. Les immenses poutres assurent la stabilité, maintiennent la structure debout.

J'ai très froid lorsque j'arrive. C'est une location charmante, avec un mobilier en bois clair, une petite cabane sous les toits qui m'incite plus que jamais à l'étude. Après une douche chaude, je me glisse dans mon lit afin de poursuivre ma lecture de la veille. Je n'ai pas pu emprunter les manuels de la bibliothèque, mais j'ai acheté un livre sur Spinoza dans une librairie francophone. L'auteur retrace en détail la vie du philosophe. D'abord, sa naissance à Amsterdam dans une famille de commerçants juifs portugais, installés en Hollande depuis la fin du XVIe siècle. Puis sa jeunesse passée entre le commerce de son père et des cercles de libres penseurs où il affine ses raisonnements. Mais ses opinions, son esprit brillant, sa soif de connaissance agacent les gens autour de lui, dérangent cette société déjà fragilisée par le fanatisme religieux et les violences politiques. Il a seulement vingt-trois ans lorsqu'il est exclu de la communauté juive. Sans que l'on sache exactement ce qu'on lui reproche, il est soumis à un *herem*, un sévère bannissement, qui l'oblige à partir, à quitter son foyer. Il devient polisseur de lentilles pour lunettes astronomiques et mène une vie retirée, consacrée à l'étude. Je m'arrête un instant dans ma lecture. C'est dans l'isolement que Spinoza va écrire ses travaux philosophiques les plus importants, c'est en partant qu'il va pouvoir affirmer sa pensée. Faut-il toujours en passer par là ? Faut-il toujours s'affranchir pour avancer ?

Je me redresse et retape un peu mon oreiller. Je suis fatiguée, mais je n'ai pas sommeil. J'aperçois les lueurs des appartements d'en face, autant de petites lucioles qui attisent ma curiosité. Que font-ils dans l'intimité de leur appartement ? Quels rapports ont-ils avec leurs parents, avec leur cousine, avec leur ex ? Je saisis mon téléphone laissé sur la table de nuit. Comme mes pieds tout à l'heure, mes doigts eux aussi connaissent le trajet. Il est tard, je sais bien, mais sans doute n'est-il jamais trop tard pour aller de l'avant. En tout cas, je sais qu'il est l'heure d'appeler Victor.

Sur les rails

Berlin, mois de mai

> *Ne pas rire, ne pas pleurer,*
> *ne pas détester, mais comprendre.*
> SPINOZA, *Traité politique*, 1677.

— Vous parlez français ? Ça vous dérange si je prends la place collée à la vitre ? J'ai franchement besoin de dormir...

La jeune femme se met à bâiller pour confirmer ses dires. J'ai à peine répondu qu'elle se glisse déjà dans le siège du fond et cale son énorme sac à dos contre la vitre, prête à en faire un oreiller. Blonde, les cheveux noués en tresse, elle enfouit son corps fin dans un sweat à capuche ample et doux. J'ai toujours admiré les gens sachant voyager, ceux dont la tenue permet toutes les contorsions, autorise tous les retards, et ne craint aucune variation de températures dans les aéroports ou les gares. Prendre un train entre Amsterdam et Berlin n'est certes pas une véritable aventure, mais je me sens déjà dans un inconfort grandissant. Un peu plus de six heures me séparent de ma prochaine étape, mais surtout un peu plus de six heures me séparent de Victor qui a accepté, après une brève conversation, de me retrouver au cœur de l'Allemagne. Quels vêtements pourraient m'ôter cette sensation d'impatience, ce sentiment de peur, et mettre un terme à tous mes tremblements ? À l'instant où la sonnerie retentit et où les portes se ferment, ma voisine dort. J'aperçois l'étiquette sur son bagage : « Sophie Jeanin. » Assoupie, elle semble encore plus jeune que debout. À son âge, ma vie était déjà liée à celle de Victor.

Nous nous sommes rencontrés au lycée, en classe de terminale. Lui était toujours devant, au premier rang, et moi toujours derrière, disposant ainsi d'un poste d'observation idéal pour le scruter. Je ne sais plus exactement ce qui m'a plu au tout début, ni même s'il y a eu un élément déterminant qui a retenu mon regard, mais je sais que, dès le mois de septembre, j'ai été happée par lui. Il avait une curieuse manière d'attirer l'attention. Un mélange de nervosité et d'impertinence dans la façon de tenir son stylo ou de répondre aux profs. Une sorte d'agitation constante, comme s'il avait peur de ce qui pouvait arriver si jamais il s'arrêtait un instant. J'étais fascinée par sa force de conviction, sa capacité d'argumenter, de prendre position, de savoir où mettre ses pieds. À l'adolescence, voir quelqu'un armé d'autant de certitudes suscite forcément un étonnement, qui se transforme vite en admiration. L'architecture, la politique, l'art, la musique, le sport, tout semblait accessible à sa réflexion. Et pendant que je me débattais avec mes doutes, mes hontes et mes bonnes manières, Victor, lui, n'hésitait pas à trancher dans le vif. Plus les mois passaient et plus il devenait l'incarnation de ce qui me manquait, le point de ralliement de mes pensées et de mes désirs.

Le mouvement du train s'accélère, trouvant sa cadence. On traverse des champs d'éoliennes qui s'étirent vers le ciel. Ma voisine est plongée dans le sommeil et moi, pour la millième fois depuis ce moment insoutenable où Victor a franchi la porte de chez nous, je tente de comprendre ce qui s'est passé pour que tout bascule, et surtout si, au bout de ces rails, j'obtiendrai enfin la réponse. C'est Cécile qui avait fait en sorte qu'on accède à l'étape cruciale du baiser. Elle m'avait organisé une soirée d'anniversaire pour mes dix-huit ans, à laquelle Victor n'avait mystérieusement pas pu venir, mais le lendemain matin, au lieu de la voir surgir dans ma chambre, c'est lui qui était arrivé avec des croissants, du jus d'orange et des paquets. Ce cadeau d'anniversaire en retard devait devenir le symbole de tous nos contretemps. Au fond, entre cette première étreinte et notre séparation, nous n'avons jamais réussi à accorder nos mesures, et cela, malgré notre amour, qui n'a pourtant pas manqué d'être fou. Je m'aperçois que c'est toujours rétrospectivement qu'on peut raconter les histoires, qu'on se rend compte que tout était déjà là, et que chaque étape est contenue dans la précédente. Mais à ce moment précis, coincée dans mon siège, avec ma veste froissée et ma gorge fragilisée par la climatisation, je me demande franchement quelle suite logique donner à tout ça. Pourquoi, alors que je sais que nous sommes incapables de continuer ensemble, ai-je tant besoin de le voir ? Pourquoi, alors qu'il doit penser la même chose, Victor me rejoint-il à Berlin ? Pourquoi ses convictions et sa force de caractère n'ont-elle pas suffi à nous protéger de nous-mêmes ? Et pourquoi Alexandre me répond-il à peine ?

Je remue sur mon siège, je relève l'accoudoir, puis le rabaisse. Mon corps refuse de trouver une place adéquate. Pour occuper mes mains, je me mets à lire mon livre sur Spinoza. Après avoir découvert sa vie d'exil, consacrée à l'étude, l'auteur présente sa philosophie, et plus particulièrement, sa conception de Dieu qui a tant choqué les milieux religieux, qu'ils soient juifs ou chrétiens. Car, pour lui, Dieu n'a rien à voir avec l'image d'un être transcendant, une force supérieure, extérieure au monde, qu'on pourrait prier ou invoquer quand ça ne va pas. Ce n'est pas un Dieu qui nous ressemble, qui aurait un visage et des pouvoirs tout-puissants. Au contraire, selon Spinoza, Dieu est dans tout ce qui nous entoure. Il fait de lui une substance identique à la Nature. Il dit d'ailleurs que « Dieu est la Nature », et qu'il est présent dans toutes les parcelles de la réalité, dans les arbres, les oiseaux, les rivières, mais aussi en nous, et même dans le sac de Sophie Jeanin, dans mon accoudoir ou dans les éoliennes. Par conséquent, rien ne sert de le craindre, pas plus que de penser qu'il nous protège, il est en dehors de tout cela. Les choses ne s'accomplissent que selon des lois rigoureuses, nécessaires et universelles, des lois physiques totalement indépendantes de nos attentes ou de nos espoirs. Je ferme mon livre un instant pour intégrer ce que je viens de lire. Qu'est-ce que ça change de ne rien attendre du ciel au-dessus de nous ? Est-ce que ça nous rend plus responsables ? J'ai envie d'en discuter avec Alexandre. Maintenant que je me sens un peu plus à l'aise en philo, je voudrais retourner faire un atelier à Athènes et prendre part à leurs débats qui me semblaient si lointains. À défaut, je sors mon ordinateur pour écrire un mail à Théana. Au moins, l'avantage de passer six heures dans un train de la Deutsche Bahn, c'est qu'il est équipé de wifi. Les dernières nouvelles que j'ai eues d'elle provenaient de Tonia, qui était un peu moins abattue, un peu plus confiante sur le fait que sa fille allait remarcher rapidement. Le drame s'éloigne. C'est donc avec un certain soulagement que je peux envoyer mes mots.

« From : penelopedessauges@yahoo.fr
To : theanapedritis@gmail.com

Chère Théana,
Comment vas-tu ? C'est tellement étrange de ne pas avoir de tes nouvelles alors que c'est pour toi, et sans doute grâce à toi, que je suis là à parcourir l'Europe ! En tout cas, je suis convaincue, sans me vanter, que tu serais fière de mon développement. Au lieu de me plaindre et de me cacher, je plonge dans les auteurs, je bataille avec leurs idées. En ce moment, je découvre la philosophie classique. Bientôt, je me lancerai dans la philosophie politique et j'irai flirter avec les Lumières ! Tu n'imagines même pas : je me suis fait un programme de lectures ! La preuve que tu as bien fait de me secouer... J'ai l'impression que toutes les bribes de savoirs que j'avais accumulées jusque-là s'assemblent peu à peu. Mon seul souci est que j'avance à l'aveugle, je ne sais pas ce qu'il en est du programme, ni du budget et des délais fixés. Alexandre doit être très pris, et on n'a pas beaucoup le temps d'échanger... Néanmoins, je reste confiante, ne t'inquiète pas. Je me dis même qu'il est peut-être inutile de mobiliser des intervenants pour

chaque période philosophique. Ça risque d'être très complexe à organiser. Alors, je m'avance sans doute, mais j'imagine qu'à force de travail, je serai éventuellement capable de combler les moments où nous n'aurons personne... Non pas que je sois experte, mais je me rends bien compte que la philosophie me transforme, et si c'est ce qu'on veut transmettre aux jeunes, eh bien, je pourrais certainement servir de témoin. Je suis la preuve vivante que réfléchir influence la vie. Je continue à lire, à me former, à tâtonner, à apprendre. Bref, ce n'est qu'une idée passagère. On en parlera dès que tu pourras, en attendant, prends soin de toi.

Je t'embrasse fort,
Pénélope. »

Je regarde le mail partir : j'imagine une enveloppe parcourant les milliers de kilomètres qui nous séparent. Avant de l'écrire, je ne pensais pas que j'aurais l'audace de formuler cette proposition, et de me placer, moi aussi, aux yeux de Théana, dans le rôle de quelqu'un qui peut transmettre et pas seulement recevoir. La distance atténue la crainte de son jugement. Après tout, je suis seule dans ce train, loin de tous, étrangère à tout ce qui m'entoure, et je n'ai plus grand-chose à perdre, si ce n'est peut-être cet inconfort qui m'empêche de rester tranquillement assise à ma place.

— Pardon, ça ne vous dérangerait pas d'arrêter de bouger ? Ce n'est pas pour être chiante, mais j'ai vraiment besoin de dormir. Je viens de faire trois jours de DJ-set à Amsterdam, j'enchaîne avec un gros festival à Berlin et franchement chaque minute de sommeil compte si je ne veux pas m'écrouler sur mes platines. Merci.

Trente secondes à peine de monologue, et voilà que Sophie Jeanin enfouit de nouveau sa tête dans son sac en fermant les yeux. Je me retrouve soudain transportée dans un tout autre univers, « Amsterdam, Berlin, DJ-set », très différent de ce à quoi j'étais en train de penser. Du coin de l'œil, j'essaie de collecter des détails qui pourraient préciser ces nouvelles données. À quoi ressemble la vie de Sophie Jeanin ? Tout m'interpelle. Ses doigts sont infiniment longs. On dirait presque des pinces, prêtes à saisir des vinyles ou à tourner des boutons avec agilité. Sa peau translucide laisse apparaître quelques veines bleutées. Elle semble très jeune, mais les marques que je devine au coin des yeux me font hésiter sur son âge. Son sac est compact, bien ordonné, tissé dans une toile noire épaisse. J'ignore ce qui m'intéresse tant chez elle. Je crois que ce n'est pas tant son métier que la facilité avec laquelle elle exprime ses besoins. Comme une évidence imparable. « Je suis DJ, j'ai besoin de dormir, merci de me laisser tranquille. » Est-ce qu'un jour je serais capable de dire une chose pareille ? D'aligner avec une telle cohérence ma nécessité ?

— Vous ne voulez pas cesser de me regarder comme ça ? Vous n'avez pas autre chose à faire ? Vous êtes hyper-gênante. Bordel, je vous ai juste demandé de moins bouger pour que je puisse dormir.
— Pardon. Je suis vraiment désolée...

Je sens mes joues en feu. Sophie a raison, il faut que je me ressaisisse. Je me tiens très droite pour ne plus être tentée de me tourner vers la gauche. Mais surtout, je me précipite dans ma lecture sur Spinoza, m'agrippant aux lignes sur Dieu afin de dissiper mon embarras.

— Eh bah voilà, c'est mort !

Je n'ose pas réagir. Je sens Sophie se redresser en soupirant. Elle pose son sac à ses pieds.

— Bah voilà, vous avez bousillé mon sommeil en vous secouant sur votre siège et en n'arrêtant pas de me fixer ! Vous ne savez pas à quel point dormir est important pour moi ! J'ai besoin de récupérer. Ça fait des années que j'ai des insomnies. Il faut que je m'épuise la nuit en espérant dormir quelques heures le jour. Eh bien cette fois, question repos, c'est raté...

— Je suis désolée. Je sais que ça ne va pas vous aider, mais quand même. Si j'avais su, j'aurais fait plus attention ou j'aurais changé de siège. Je suis très stressée aujourd'hui, et quand je suis dans cet état, soit je m'évanouis, soit je m'agite. Mon corps dialogue avec ma tête, et les deux réunis sont un peu envahissants.

— Je crois que j'aurais préféré l'évanouissement.

— Vous n'avez jamais réussi à soigner vos insomnies ?

— Impossible. J'ai tout essayé. C'est comme ça depuis des années. Je suis fatiguée, épuisée même, mais je n'arrive pas à dormir. Je me mets dans un lit, je ferme les yeux, et là, c'est comme s'il y avait un malentendu, mon cerveau tourne à cent à l'heure, alors j'écoute de la musique pour patienter, en attendant que le jour se lève. Autant dire que je suis très calée musicalement. C'est d'ailleurs pour ça que j'ai commencé à faire ce métier. Bref, c'est raté pour cette fois. Mais vous ? Qu'est-ce qui vous met dans cet état ? Je me suis demandé pourquoi vous me fixiez comme ça. Avouez que c'est flippant de voyager à côté de vous !

— C'est-à-dire que je me pose des questions sur Dieu, sur mon ex, et sur ma vie.

— Ouais, alors là, je préfère encore être à ma place !

— Et je vous ai trouvée tellement déterminée que ça m'a fait envie. Je voulais percer votre secret. Comment faites-vous pour avoir l'air si solide alors que vous êtes si jeune ?

— Je n'ai pas le choix. Vous savez ce que c'est de faire danser des inconnus ? De mettre des centaines de personnes en mouvement ? Eh bien, il faut comprendre de quoi ils ont envie, il faut deviner leur désir. Et en fonction de tout ça, je dois prendre une décision et choisir la musique adéquate. Mon boulot consiste à faire oublier aux gens leur tristesse et leur fatigue. Alors il faut que je sois convaincue par ce que je fais pour entraîner les autres.

— En fait, vous êtes spinoziste.

— Ah bah, c'est bien la première fois qu'on me dit ça !

— Pourtant, c'est la même démarche...

— Vous allez bientôt me dire que Spinoza était DJ ?

— Pas loin ! Dans son livre le plus célèbre, qui s'appelle *L'Éthique*, il est comme vous, il cherche à libérer les hommes de ce qu'il appelle les passions tristes, comme la haine, la colère, la violence. En gros tout ce qui nous empêche d'être bien. Et pour ça, Spinoza pense qu'il faut découvrir les mécanismes de la nature humaine. Car on a l'illusion d'être libre alors qu'en réalité on est soumis à des tas de causes qui nous poussent à agir de telle ou telle façon. Tenez, par exemple, pourquoi certaines choses nous énervent-elles et d'autres non ? Eh bien, plus on sait d'où viennent nos réactions, plus on parvient à s'en libérer ! Si on apprend à les analyser, on peut se débarrasser des passions qui nous dérangent ou qui nous font de la peine. En fait, le philosophe étudie les émotions exactement comme un physicien étudie les phénomènes naturels, sauf qu'au lieu d'observer la grêle ou la neige, il observe l'orgueil ou la jalousie. Du coup, *L'Éthique* est un livre très étrange, c'est un peu comme un traité de mathématiques avec des définitions, des démonstrations, des propositions. Tout ça dans un seul but, accéder au bonheur ! Entre ça et l'idée que Dieu est la nature, on comprend quand même pourquoi Spinoza a autant marqué l'histoire de la philo. C'est dingue, non ? Sophie ?

Prise par mon exposé, je ne m'étais pas rendu compte que ma voisine s'était finalement assoupie. Peut-être est-ce ainsi que la philosophie spinoziste a fait son effet. La bouche entrouverte, le corps inerte, Sophie Jeanin est enfin parvenue à se libérer de son épuisement. À défaut de pouvoir poursuivre la conversation, je suis soulagée d'avoir réparé ce mauvais départ. J'hésite à me lever pour ne pas la gêner encore une fois, j'ai peur de la réveiller. Pour ne pas être rattrapée par mon monologue intérieur, je préfère encore retourner à mes pages. Je dévore les chapitres dans l'urgence, avec la sensation qu'un secret m'y attend. Tout n'est pas clair, certains passages forcent ma pensée à se contorsionner, mais j'avance, bien décidée à m'approprier les concepts et à cheminer vers un peu plus de sagesse. Ce que je comprends, c'est que le XVIIe siècle met la raison au centre. Inspirés par Descartes et par son « je pense donc je suis », les rationalistes comme Spinoza sont certains que l'esprit contient déjà tout ce qu'il faut pour connaître le monde, contrairement aux empiristes, comme Locke, qui estiment que nous devons passer par l'expérience. Et moi, qu'est-ce que je crois ? Est-ce que j'ai besoin de vivre ces journées à Berlin pour savoir ce qu'elles me réservent ?

Les heures suivantes passent entre prises de notes et rêves éveillés. Sophie dort, tandis que je me souviens. Et plus la destination se rapproche, plus le poids de mes années vécues avec Victor se fait sentir sur mon cœur. Je nous revois le soir où nous nous sommes installés ensemble, dans ce premier lieu accueillant notre vie d'adulte. Nous avons partagé une bière chaude dans une euphorie triomphante, satisfaits d'avoir déjoué les embûches de la journée. Ne pas prendre d'amende en laissant la camionnette de location garée en double file nous semblait être le signe que notre vie allait être réussie. Qui sont ces deux jeunes gens assis sur le sol de ce nouvel appartement ? Où sont-ils passés ? Est-ce que Spinoza peut m'aider à suspendre ma nostalgie ? En guise de réponse, mon téléphone se met à vibrer. C'est un sms de Cécile. Elle demande de mes nouvelles, devinant aisément l'état dans lequel je me trouve. J'en profite pour la questionner à mon tour sur sa situation. Nos réponses se chevauchent, nous dialoguons à travers nos écrans comme si nous étions ensemble. La seule différence est que l'écrit fixe cet instant si particulier de notre vie. Nous sommes l'une et l'autre en train de déconstruire les édifices que nous avions bâtis. Mais à la différence de Victor et moi, les engagements de Cécile et Matthieu confèrent à leur douleur un caractère encore plus pesant. Ses messages tentent de raconter la pénible bataille qu'ils ont décidé de mener. Suite aux aveux de Cécile, Matthieu n'a pas été en mesure de répondre autrement que par la colère, confiant sa peine à des avocats en charge de laver sa détresse. Et comme si l'échec n'était pas suffisant, ils entreprennent de piétiner ce qu'il en reste. Cécile a quitté leur appartement. Leurs enfants se retrouvent donc ballottés entre deux foyers mais aussi au milieu d'une tragédie conjugale dont aucun ne sortira indemne. Ils sont rattrapés par des clichés qu'ils redoutaient tous les deux. Je m'aperçois qu'un nouveau vocabulaire a rejoint notre intimité, dans lequel les mots « divorce » et « garde alternée » règnent désormais en maîtres. Je lui pose des questions mais je ne sais quoi répondre aux siennes. Mes réponses me semblent si banales ! Peut-être qu'au moins Victor et moi aurons réussi à nous prémunir de cela.

Les six heures ont fini par s'écouler. J'ai tellement tremblé que je suis calme désormais.

La gare de Berlin se rapproche et les annonces en allemand réveillent ma voisine en sursaut. Son expression a changé, elle n'est ni engourdie, ni maussade, son visage rayonne, et seule sa tresse, un peu défaite, témoigne de son sommeil.

— J'ai super bien dormi ! Ça fait longtemps que je ne me suis pas sentie aussi reposée. J'étais énervée après vous mais, en fait, vous devriez venir me parler de philo plus souvent, ça réglerait peut-être mes problèmes. Et d'ailleurs, vous faites quoi ce soir ?
— Je vois l'ancien homme de ma vie pour parler de notre séparation après six mois de silence.
— Ah oui, j'avais oublié que vous étiez vraiment en galère. Bon enfin, si jamais ça vous dit, venez me voir au Golden Gate, je mixe là-bas jusqu'à 7 heures. Pas sûre que ce soit votre genre, mais après tout, ça peut vous donner une autre occasion de faire un peu de philo. Tenez, voici mon numéro, et à l'entrée, dites simplement mon nom : je m'appelle Sophie Jeanin.

Elle me tend une carte de visite et se dirige d'un pas décidé vers la sortie. Le temps que je range mes affaires, elle a déjà disparu du quai. Je ne sais pas tout à fait de quel genre il faut être pour aller au Golden Gate, mais je pressens qu'observer Sophie en train de faire danser une foule en transe est peut-être la seule perspective heureuse de ce passage berlinois. La gare centrale est impressionnante, c'est la plus grande d'Europe. Elle se structure autour de deux tours, les gardiennes d'un fourmillement incessant, d'un amoncellement de trains, de métros, de correspondances, de possibles. Je reste un instant immobile, comme s'il me fallait un certain temps pour la mise en place d'une autre langue, d'une autre culture, d'un autre récit. J'ai encore quelques heures devant moi avant de retrouver Victor. Nous avons voulu, d'un commun accord, éviter de nous revoir dans un café ou un restaurant. Le motif en était surtout de fuir la vue des autres, dînant tranquillement dans le confort de leurs liens sans déchirure. En à peine quelques mots, nous avons opté pour des retrouvailles devant le Schaubühne de Lehniner Platz que nous aimons tous les deux. Le bâtiment est l'une des pièces maîtresses d'un complexe immobilier conçu par Erich Mendelsohn, l'un des leaders de la Nouvelle Objectivité, un mouvement architectural des années 1920.

Construit en 1926, il a été détruit en grande partie durant la guerre, avant d'être rénové dans les années 1970 pour devenir une salle de théâtre. Se rejoindre devant un lieu de spectacle nous donnerait peut-être un peu de courage et d'inventivité. En sortant, j'arrive assez facilement à me situer. Il faut dire que je connais bien Berlin. Cette ville fut longtemps pour moi un prétexte aux voyages scolaires puis aux week-ends d'étudiants. Mais c'est la première fois que j'y arrive en train et que je suis directement plongée au cœur de ses rues qui semblent se disputer plusieurs décennies d'histoire.

Un jour en classe de seconde, notre prof d'histoire nous a montré une photographie de Berlin prise en 1945, quelques jours à peine après la fin de la guerre. Le tirage en noir et blanc accentuait le caractère dramatique du décor, des nuages de fumée obscurcissaient le jour et des monceaux de ruines défiguraient l'avenue. Au milieu, on apercevait la silhouette d'un homme titubant sur des gravats. J'ai demandé au prof si je pouvais avoir l'image en photocopie. Je l'ai laissée longtemps traîner sur mon bureau pour y jeter des coups d'œil. Je n'avais pas de fascination pour la scène en elle-même, mais plutôt une immense curiosité pour la suite. Par où recommencer ? Qu'est-ce qu'il y a après le chaos ? Je marche vers mon hôtel en suivant la bordure du Tiergarten. Le parc est fidèle aux dimensions gigantesques de la ville qui s'étale sur des kilomètres, et tout cela sans aucune unité de style. Le futurisme se mêle aux friches industrielles tandis que le gothique nargue le Bauhaus. Berlin n'a pas le charme de la Grèce, l'élégance de Cordoue, la splendeur de l'Italie ou la confiance des Pays-Bas, et pourtant quelque chose me bouleverse ici. Peut-être est-ce cette question obsédante et les tentatives de réponses qui se dégagent de chaque quartier. Que faire une fois que tout s'est écroulé ? Comment surmonter la destruction si ce n'est en se transformant ?

J'ai choisi un hôtel proche de notre lieu de rendez-vous. Une tour assez haute, dont le bas ressemble à un hangar aménagé. Dans le lobby, je me glisse le long d'une rangée de vélos qui peuvent être prêtés aux clients, il n'y a pas d'accueil mais un ensemble d'écrans digitaux sur lesquels naviguer en autonomie pour faire le check-in. Un jeune homme en chemise à carreaux vérifie, de loin, que nous n'avons pas besoin d'interaction humaine. Je pose mes affaires dans ma chambre et étale des vêtements sur le lit. Je réfléchis à l'allure que j'aimerais avoir, à l'effet que j'aimerais susciter, mais cette soudaine coquetterie me semble ridicule. La séduction est un privilège que nous n'avons pas. Nous sommes lui et moi dans un champ de ruines, et nous titubons dans nos gravats, sans échappatoire possible. Je me répète sans cesse que nous devons assumer nos erreurs, et faire face aux regards réprobateurs de Pénélope et Victor assis dix ans plus tôt dans leur premier appartement. Chaque geste me paraît lourd et pesant. Mes membres ne tremblent plus, ils sont engourdis. Je n'ai pas encore assez lu Spinoza pour comprendre mes mécanismes. Le monde n'a plus la même texture, même l'air est devenu poisseux. Je me sens condamnée. Pourtant, il faut sortir, c'est le moment. Ne pas oublier la clé, appuyer sur le bouton de l'ascenseur. Je me regarde dans le miroir de la cabine. Le fond des yeux, les rides, les pommettes, le mouvement des cheveux. Qui suis-je ? J'aurais peut-être dû descendre à pied, ça m'aurait évité une angoisse de plus.

Arrivée au rez-de-chaussée, les portes s'ouvrent avec lenteur et dans un fragment de seconde mon corps entier devient liquide. Je me retrouve nez à nez avec Victor qui se tient debout à côté de son guidon, un casque à la main.

— C'est quand même marrant qu'on soit descendu dans le même hôtel ! Mais attends j'arrive, je suis un peu en retard, je dois juste rendre mon vélo.

À la recherche de la raison pure
Berlin, mois de mai

> *Notre siècle est le siècle de la critique, rien ne doit y échapper, pas même la religion ou la législation.*
> KANT, *Critique de la raison pure*, 1781.

Je crois que ce que j'ai trouvé de plus étonnant dans l'*Odyssée* d'Homère, c'est le retour d'Ulysse à Ithaque et ses retrouvailles avec Pénélope. Comment renouer avec quelqu'un que l'on n'a pas vu pendant vingt ans ? Peut-on encore se considérer mari et femme alors que chacun a vécu de son côté son lot de drames, de joies, d'événements mineurs et de tourments majeurs ? Que signifie le couple quand il est dépourvu de tout ce qui le lie ? L'avantage des Grecs est qu'ils n'ont pas peur de la narration. Les mythes sont une autre manière de percevoir le monde, d'honorer les émotions, de donner un sens à ce qui n'en a pas. Alors, lorsque Ulysse rentre chez lui, il ne se contente pas de frapper à la porte et de faire une bise maladroite à Pénélope. Deux décennies d'absence méritent un peu plus d'engagement. Je dois avouer que, ces derniers jours, j'ai écourté ma lecture des nombreux épisodes, juste pour arriver à ce moment clé, à cet instant où tout doit se remettre en ordre, où la vie fait l'effort de reprendre son cours habituel, loin des cyclopes, des sirènes, des tempêtes. Je me suis dit que j'y trouverais peut-être ce qu'il faut de courage et d'inspiration afin d'affronter ce face-à-face entre Victor et moi. C'est sûr qu'à côté de l'*Odyssée*, nos quelques mois de silence paraissent un peu anecdotiques, mais vu l'accélération de mon rythme cardiaque en le regardant ranger son vélo, je suis quand même contente qu'Homère soit là pour me filer un coup de main.

Victor se dirige vers moi. Il est si calme et si souriant qu'on dirait que tout ce que nous vivons là était prévu, et que nous ne sommes pas deux cœurs abîmés dans le hall d'un hôtel berlinois. Saisissant mon coude, il m'entraîne vers la sortie et se met à marcher. Je flotte, aucun de mes mouvements ne me paraît volontaire, je le suis mécaniquement, sans m'en apercevoir. Je sais que rompre le silence est la seule manière de reprendre la mesure de l'espace et du temps. Mes mots viennent de très loin, ils se fraient un passage depuis le fond de ma gorge.

— Victor ?
— Oui.

— T'as déjà lu l'*Odyssée* ?
— Je ne peux pas vraiment dire que j'ai lu ce texte, mais tu ne te souviens pas, j'avais dû écrire un truc dessus pour valider un partiel d'histoire des idées culturelles pendant ma deuxième année d'archi. Il y a une édition de poche qui traîne à la maison, c'est Pierrot qui me l'avait passée. Tiens, d'ailleurs, je ne la lui ai jamais rendue.

J'ai envie d'éclater en sanglots et de lui demander où est cette maison dont il parle, si elle existe encore, et si on ne pourrait pas y aller maintenant au lieu d'avancer dans des rues allemandes. Je reconnais ses pas, il vient de tourner à gauche, puis encore à gauche, rituel immuable. C'est comme si nous avions plongé au cœur d'une photo jaunie et que tout se remettait en mouvement. « Gauche, gauche, droite, gauche, gauche, gauche », notre symphonie. Il a ce timbre si particulier, une voix posée, raisonnable, et cette manière joyeuse de mentionner « Pierrot », son meilleur ami, son inséparable depuis l'école primaire. C'est lui que Victor était censé rejoindre à New York lorsque nous nous sommes quittés. En deux phrases à peine, tout est là. Le passé, les repères, les ombres. Je ne veux pas lui poser de questions sur lui, sur ce qu'il fait en ce moment, sur ses ambitions outre-Atlantique. Ses réponses me font bien trop peur. Que se passerait-il si je n'étais pas dedans, s'il ne me consacrait plus aucune ligne ? Bien sûr, j'ai ce projet, cette nouvelle existence, cette attirance pour Alexandre, et je suis consciente de toutes les divergences qui nous ont conduits jusqu'ici, mais en le voyant, je me demande quel est le poids de ce périple en comparaison de nos dix ans ensemble. Je dois m'accrocher au navire d'Ulysse, ne rien provoquer, ne rien dire sur nous, en tout cas pas tout de suite, pas maintenant. Je dois laisser les paroles homériques remettre en ordre notre histoire.

— Ah tu l'as lu ? J'avais oublié. Mais je pense que tu as zappé le moment où Ulysse rentre à Ithaque et retrouve Pénélope, n'est-ce pas ?
— Tu as raison, ce passage ne me dit rien, mais tes parents m'ont expliqué que tu étais obsédée par ce livre en ce moment et que c'est pour cette raison que tu étais en Grèce. Avoue que c'est surtout parce que tu adores que la femme d'Ulysse porte ton prénom !

Il rit en tournant à droite sur le boulevard. Si je le fais rire, c'est que tout est encore possible. Je le sais, je le sens.

— Tu es prêt à ce que je te raconte l'histoire ?
— Disons que je n'ai rien de prévu ce soir !
— Bon, donc tu n'es pas sans savoir qu'Ulysse est parti pendant vingt ans. Imagine vingt ans loin du foyer conjugal, c'est une éternité ! Forcément, pendant ce temps-là, Pénélope est

courtisée. Les prétendants se battent devant sa porte et elle ne sait plus quoi faire. Le trône d'Ulysse est enviable et, en plus, elle est très jolie...

— C'est toi qui t'identifies ou c'est réellement écrit dans le texte ?

— Enfin voyons Victor ! Je ne récris pas Homère ! Bref, Ulysse revient, mais il sait qu'il doit être discret car les ennemis sont nombreux. Il se déguise donc en mendiant pour éviter d'être repéré, ce qui fonctionne, puisque personne ne le reconnaît, à part son chien qui meurt sur le coup.

— Le pauvre ! Tu ne m'aurais pas reconnu si je m'étais déguisé en mendiant ?

— Non mais là je te ferai remarquer que c'est toi qui t'identifies ! Arrête de me couper, tu vas voir, c'est riche en rebondissements. Reprenons. Ulysse est là incognito. Mais sur les conseils d'Athéna, il met son fils, Télémaque, dans la confidence pour mieux préparer sa vengeance. Les prétendants le malmènent pensant que c'est réellement un mendiant ; il supporte les coups et les moqueries sans broncher. Pénélope prend le pauvre homme en pitié et l'accueille avec bonté. Elle va même jusqu'à échanger avec lui et lui confier ses tourments. Ulysse joue le jeu et lui conseille juste de garder espoir. Elle lui fait donner un bain par sa nourrice Euryclée qui, elle, le reconnaît tout de suite grâce à une cicatrice très particulière qu'il a au pied.

— Attends, je suis désolé, mais je dois intervenir. Sa femme ne le reconnaît pas mais sa servante, oui ? Et toi, ça ne te choque pas !

— Mais enfin, Victor, fais un effort. Il est parti longtemps et Pénélope subit une forte pression, elle a certainement la tête ailleurs et son déguisement est efficace... Face à toute l'agitation qu'il y a autour d'elle et au sein du palais, elle est obligée de prendre une décision. Du coup, le lendemain, elle annonce qu'elle épousera le prétendant qui sera capable de bander l'arc d'Ulysse et de traverser, d'une flèche, douze fers de hache disposés à la file. Elle espère surtout qu'avec une épreuve aussi difficile personne n'y parviendra.

— Mais qu'est-ce qu'il fait, Ulysse, pendant ce temps-là ? Je n'arriverais jamais à tenir un tel secret !

— Et pourtant, c'est la situation rêvée ! Il observe tout ! Sa fausse identité lui permet de découvrir qui sont ceux qui l'ont trahi et ceux qui lui ont été fidèles. Attends, tu ne veux pas qu'on s'arrête un peu près de la Spree ? Viens, asseyons-nous là. Je vais nous chercher une bière au kiosque.

— Parfait. Tu n'as pas froid ? Je veux que tu sois capable de me raconter la suite !

J'ai l'impression de réaliser la mission la plus délicate de ma vie. Je suis en train de boire une bière avec mon ex qui m'obsède et je dois feindre que tout cela est normal.

Car si je commence à aller sur le terrain glissant de nos années passées, j'ai peur que ce moment de grâce nous échappe, et ne se transforme en tribunal où nous ne ferons que nous renvoyer des arguments inaudibles. Revoir Victor en chair et en os m'éloigne de mes sombres projections et me remplit d'une nouvelle lueur. Une sensation que je pensais à tout jamais disparue. La gravité qui m'habitait dans le train quelques heures auparavant me semble désormais inappropriée. Pourquoi n'y ai-je pas cru ? Pourquoi ne pas avoir mobilisé plus d'espoir ? Pourquoi avoir envisagé un autre que lui, aussi merveilleux que soit Alexandre ? Peut-être fallait-il que j'en passe par là, par cette vertu classique de l'éloignement qui nous apprend à chérir le familier. Il n'est pas trop tard. Je dois être combative, rester sur ma lancée, et séduire à nouveau. Ne pas être la Pénélope en prise avec ses tourments, mais, bien au contraire, lui montrer les bénéfices de mon affranchissement. Avec nos deux bières fraîches en guise d'accessoires, et un banc le long du fleuve comme ultime décor, je reviens sur scène, bien décidée à lui raconter les dernières ruses d'Ulysse et à triompher avec lui.

— Tiens.
— Tu bois de la bière, toi, maintenant ?
— Ça m'arrive. Tu es prêt à retourner à Ithaque ? J'en étais où, déjà ?

— Au moment où Pénélope ne reconnaît pas son mec mais organise un concours de fléchettes espérant que tout le monde le perde.

— Pas des fléchettes, Victor ! Des flèches ! Sois un peu sérieux ! Forcément, aucun prétendant ne réussit à bander l'arc. Ils échouent les uns après les autres. Pendant ce temps-là, Ulysse, qui, je te rappelle, est toujours déguisé en mendiant, réclame lui aussi à participer à l'épreuve. L'un des prétendants s'y oppose, mais Pénélope l'y autorise. Pour la protéger de ce qui va se passer, Télémaque lui demande de retourner dans sa chambre. Elle s'exécute et remonte pleurer dans son lit...

— Non mais, attends, elle ne va pas voir Ulysse gagner, du coup !

— En effet, Victor, Pénélope n'assiste pas à la victoire de son mendiant de mari ! Mais ça lui évite surtout d'être témoin du massacre qui s'ensuit, car rien n'arrête le désir vengeur d'Ulysse. Sa colère est irrépressible. Il capture, émascule, sectionne des membres... Bref, je te passe les détails.

— C'est sympa, ton livre ! Je comprends pourquoi il te passionne.

— Ce n'est pas le meilleur moment ! Sois encore un peu patient. Quand les servantes viennent annoncer que son mari est de retour, Pénélope refuse de les croire, terrorisée à l'idée d'avoir affaire à un imposteur. Après tout ce qui vient de lui arriver, on comprend qu'elle se méfie. Elle va donc à sa rencontre, mais reste très distante et réservée. Pas d'embrassades langoureuses, ni de pleurs ou de grandes déclarations. En somme, rien de ce qu'on pourrait attendre d'une scène de retrouvailles. Télémaque ne comprend pas la froideur de sa mère. Mais, en réalité, c'est simplement parce qu'elle a mis au point un stratagème afin d'être certaine qu'il s'agit bien de lui. Ils sont liés par des secrets qu'eux seuls connaissent et c'est cette complicité passée qu'elle veut mobiliser. Pénélope et Ulysse se retrouvent seuls dans la chambre, elle feint de le croire, et demande à ses servantes d'apporter la couche près d'eux. Sauf qu'Ulysse s'étonne ! Il sait bien que leur lit est inamovible et que ce n'est pas possible de le déplacer à moins de couper l'arbre. Il veut savoir ce qu'est devenu leur lit d'origine. Et c'est alors que le miracle se produit. Grâce à cette remarque, Pénélope est désormais certaine que l'homme qui est devant elle est bel et bien son mari, car lui seul peut se souvenir de ce détail. Son Ulysse, tant attendu, tant espéré !

— Et ensuite ?

— Eh bien, il lui raconte ses souffrances, sa traversée des mers, et ils tombent dans les bras l'un de l'autre. Le texte est assez pudique concernant leur nuit !

— Donc je résume : le type est parti vingt ans, sans se soucier du devenir de sa femme, de son fils, de son royaume, il revient déguisé pour massacrer des gens, et il lui suffit de reconnaître un modèle de lit pour reconquérir et reprendre son trône ? C'est donc ça, ton histoire favorite ? Tiens, prends ma veste, tu as froid.

— Merci, mais je ne peux pas te laisser dire ça ! Ulysse n'a pas fait exprès de ne pas rentrer. Comment pouvait-il s'opposer à son destin ? Il n'avait pas d'autre choix que de faire face à ces épisodes et de laisser chaque étape, chaque méandre, chaque tentation, le façonner. Il n'a cessé d'apprendre sur lui, de perfectionner ses ruses, d'aiguiser sa réflexion. Mais au bout du compte, il est revenu, il n'a jamais trahi son évidence. C'est bouleversant d'avoir su conserver un tel attachement pendant toutes ces années. Bien sûr qu'ils ont connu autre chose, ça ne les empêche pas d'appartenir l'un à l'autre. Le monde est en place parce qu'ils sont réunis, l'Odyssée prend fin dans leur couche nuptiale, le centre de tout, le centre de leur amour.

— En fait, ce n'est pas à Pénélope que tu t'identifies, c'est à Ulysse.

J'essaie de deviner ce que Cécile dirait à ce moment-là, si elle était cachée derrière un arbre et qu'elle assistait à la scène. Elle me dirait sans doute de foncer, de continuer à entretenir ce que j'ai de plus louable, cette capacité d'éteindre ma peur en allant au plus profond d'elle, en la tenant entre mes mains. Ne pas lâcher prise, mais tenir bon jusqu'au bout.

— Victor, tu sais, un matin d'hiver, je me suis réveillée avec du sable dans mon lit. Impossible de comprendre d'où il venait, j'ai secoué mes draps, mais je n'arrivais pas à m'ôter de la tête que ces grains avaient une raison d'être là, qu'ils n'avaient pas surgi par hasard et qu'ils m'indiquaient un chemin. C'est grâce à eux que je suis ici, que je suis partie à Athènes et que tout s'est enchaîné d'une manière que j'ai du mal à retracer. Je suis tombée dans les pommes, j'ai découvert la philo, j'ai été séduite par un autre homme, j'ai rencontré des gens extraordinaires, j'ai bu des cafés en Espagne, des spritz en Italie, j'ai retrouvé Cécile, je me suis affirmée auprès de mes parents, et je me suis même découvert une passion pour Spinoza. Mais tout ça, Victor, tout ça m'a conduite vers toi. On ne peut pas s'arrêter là. J'ai besoin de ta présence, de ton regard, de nos pas qui s'enchaînent, de mes leçons d'architecture. Que je sois Ulysse ou Pénélope, peu importe, si l'histoire s'écrit avec toi.

Souvent les scènes qui fondent nos souvenirs apparaissent dans notre esprit au ralenti. On a la sensation de les avoir vécues sous une cloche ou à l'intérieur d'un scaphandre. C'est sans doute parce que dans les moments importants de notre vie, le temps des montres se dissout pour laisser place à la durée, à ce temps intime, qui ne peut pas être mesuré. Les quelques minutes qui séparent mon monologue de la réponse de Victor sont interminables, engluées dans tout ce qui nous a conduits jusqu'ici. Sa veste posée sur mes épaules est un refuge. Nous sommes au printemps, mais j'ai froid et je m'étonne que les individus tout autour continuent à respirer, et qu'ils ne soient pas, comme moi, suspendus à ses lèvres. Les Berlinois raffolent d'endroits semblables à celui-ci. C'est un des nombreux « Biergarten » de la ville, pourvu de quelques canapés et tables éparses, mais la plupart des clients préfèrent s'asseoir tout près de l'eau, sur des planches en bois, construites entre deux saules pleureurs. Il y a un air de ginguette bon enfant, faisant oublier que nous sommes dans la plus grande ville d'Allemagne et dans l'une des plus meurtries du XXe siècle. J'arrive à me convaincre qu'un décor si doux ne peut abriter autre chose qu'un élan d'amour.

— Pénélope, tu ne crois pas qu'Ulysse a encore envie de voyager ? Tu ne penses pas qu'après l'ivresse du retour il ne va pas regretter cette existence ? Peut-être a-t-il autre chose à vivre, pas une aventure orchestrée par les dieux, mais son histoire à lui. Ça ne veut pas dire qu'il n'aime pas Pénélope, ni Télémaque, ou qu'il est malheureux à Ithaque, mais plutôt que sa place est ailleurs. Il est animé par une soif de connaissances et de découvertes qui ne doit pas être éteinte. Bien sûr que je t'en ai voulu, qu'est-ce que tu crois ? C'est incompréhensible lorsqu'on aime quelqu'un de voir que l'autre ne s'accorde pas à nos désirs. Je voulais un mariage, des enfants, un foyer aimant dans lequel rentrer tous les soirs pour se sentir à l'abri des vents. Je suis architecte, c'est idiot, mais je bâtis des structures en espérant qu'elles perdurent le plus longtemps possible. Je veux la beauté d'une vie ordinaire. Mais ce n'est pas ton cas. J'ai mis du temps à le saisir, à percevoir dans tes fuites autre chose qu'un caprice ou de l'indifférence. Alors, c'est vrai, j'ai eu besoin de partir. Je suis allé jusqu'aux États-Unis pour essayer d'y voir plus clair, pour me détacher de notre peine, oser de nouvelles perspectives. Mais au bout de deux mois je n'avais qu'une envie, c'était de revenir chez nous, de te voir et de te serrer dans mes bras. C'est à ce moment-là que Cécile m'a appelé pour me dire que tu étais partie à Athènes. J'ai passé la nuit à me demander si je devais te rejoindre, à regarder des horaires de vol, et puis, au petit matin, j'ai compris que je n'avais pas le droit de faire ça, pas le droit de t'enfermer, pas le droit de te prendre en otage et de t'imposer des modalités qui ne te ressemblent pas. On pourrait s'embrasser, rentrer à Paris tous les deux, repartir à zéro comme le font tant de gens autour de nous, mais je n'ai pas envie que dans dix ans on ressemble à Cécile et Matthieu, et qu'on s'étripe pour des plannings de garde alternée. Au fond, tu ressens exactement la même chose, je sais que tu te l'es déjà dit. Pour la première fois depuis qu'on s'est rencontré, je te sens là où tu dois être, quelque part entre Athènes, Florence et Berlin. En itinérance certes, mais alignée avec toi. Comment pourrais-je t'enlever cela ? Va jusqu'au bout de ce que tu dois découvrir, de ce que tu dois questionner. Ce n'est que le début. Notre séparation ne t'a pas plongée dans les ténèbres, au contraire, elle t'a éclairée. Tu l'as dit, tu as tout bousculé, tu t'es libérée d'un boulot que tu n'aimais pas, d'une vie que tu n'aimais pas, de relations qui te pesaient, de peurs obsédantes... Ce n'est pas triste, Pénélope. Le changement n'est pas une souffrance. Donne-moi ta main, regarde, nous sommes l'un en face de l'autre, le monde continue de tourner, ce n'est pas l'amour des premiers jours, c'est bien mieux, c'est l'amour des jours qui suivent. Et ça, c'est grandiose. La question n'est pas de rester amis ou amants, mais d'être capables de nous accorder à tous les mouvements, à toutes les transformations, à toutes les crises dont nos vies sont remplies. Pénélope, ton voyage est extraordinaire, alors pourquoi y mettre un terme ?

Je ne sais pas tout à fait ce qui a traversé mon esprit en écoutant Victor, pas plus que ce qui s'est passé juste après. Les émotions se sont succédé dans un ordre qu'il me serait impossible de décrire. Des bières, des larmes, des rires, des paroles balayant les branches des saules et se dispersant au fil de l'eau. Les mois passés ont repris vie devant nous. Petit théâtre d'anecdotes qu'on ne réservait qu'à l'autre. Des mots désormais dénués de lourdeur pour n'être plus que chaleur, tendresse, partage. Et cet adjectif qui refusait de me quitter : « grandiose ». Victor avait raison, notre amour était grandiose. Vers deux heures du matin, alors que nous arpentions les rues sans autre but que de faire perdurer cette nuit et son exception, j'ai eu une idée dont l'évidence s'est imposée :

— Victor, tu sais ce qu'on va faire ?
— Là comme ça non, je ne vois pas.
— On va aller voir Sophie Jeanin.
— Qui ça ?
— Quelqu'un qui ne peut pas dormir.

En quinze minutes de taxi, nous arrivons au Golden Gate, sous les voies du S-Bahn, le métro. Dans un allemand très limité, j'explique au videur que je connais Sophie, son absence de réaction indique qu'il n'a rien compris, mais il nous laisse entrer sans difficultés. L'endroit est minuscule, bien plus étroit que ce que j'imaginais. Il y a une première pièce avec des canapés éventrés et un bar, puis un deuxième espace qui ne sert qu'au dancefloor. On se fraie un chemin parmi un public hétéroclite. Il y a de jeunes Allemands qui se balancent et laissent résonner en eux la puissance des vibrations. Mais il y a aussi des touristes égarés et des bandes de copains qui se parlent à l'oreille en criant. Tout au fond, face aux gens agglutinés, j'aperçois

Sophie. Elle est debout devant sa platine, avec derrière elle une sorte de tableau représentant un grand léopard. L'image tranche avec le reste de l'ambiance : Sophie et le léopard, deux félins majestueux, contrastant avec le décor. Ce qui me frappe de nouveau c'est la justesse de ses gestes. Sophie se montre précise, appliquée, efficace. Indifférente à la chaleur de la salle, elle s'exécute, cherche à être au plus près des émotions du public. De temps à autre, elle jette un œil à l'assemblée, mais très vite, retourne à sa table, et traduit en ondes sonores ce qu'elle vient d'apercevoir. Je ne veux pas la déranger, mais j'aimerais qu'elle sache que je l'ai écoutée, que je suis venue jusqu'ici, ponctuer cette soirée décisive en dansant sur ses musiques, en laissant ma peine et ma fatigue se muer en joie. Je la fixe, tandis que Victor observe tout autour de lui. Elle finit à son tour par me repérer, son visage s'illumine d'un sourire amusé, comme si je lui soumettais un défi. Elle ne se déconcentre pas pour autant, reprend son ouvrage. Victor et moi commençons à danser, face à face. Nos mouvements s'accordent, mais nos corps conservent une légère distance. Peu à peu la musique évolue, d'un rythme saccadé, elle devient plus enveloppante, à la fois mélancolique et tendre. Je comprends alors qu'elle s'adresse à nous. Que les morceaux passés par Sophie sont une façon de prendre soin de Victor et de moi. Elle nous offre son insomnie et abrite nos retrouvailles en composant un écrin aussi subtil et insensé que cette dernière journée. Je transpire, mes jambes s'efforcent de me tenir debout, nous n'échangeons plus un seul mot. Et pourtant je n'ai jamais été aussi sereine. Unis dans un même souffle, nos cœurs ne redoutent plus les vagues.

*

— Vous êtes sortis toute la nuit ? Et après ?
— Après quoi ?
— Ben, qu'est-ce que vous avez fait ?
— On a fait la fermeture de la boîte et on est allé manger des œufs avec Sophie Jeanin, la DJ. Ensuite, on est repassé à l'hôtel et on s'est baladé.
— C'est tout ? T'as mangé des œufs avec Victor et une inconnue, et voilà ?
— Oui.
— Et donc il est reparti ?
— Oui, hier soir tard, après qu'on s'est promenés. Je ne sais pas quand est-ce qu'on se reverra, ni vers quoi je me dirige, mais je me sens bien. Enfin, fatiguée, mais bien.
— Mais vous vous êtes remis ensemble ? Je ne comprends pas votre truc. Tu rentres ou pas ?
— Non.
— Mais « non » à quoi ? Pénélope, soit un peu plus claire, s'il te plaît ! C'est pénible !

Cécile a toujours aimé les choses construites, ordonnées, qui répondent à une logique facile à identifier, mais ces derniers temps, sa patience est encore plus limitée. Son divorce lui prend tellement d'énergie que chaque information qu'elle reçoit doit pouvoir être triée en quelques secondes. Comment lui expliquer ce qu'il s'est passé avec Victor ? Comment lui faire comprendre que sa déclaration d'amour m'a ouvert un autre monde ? Qu'il m'a donné le courage de vivre mon périple, de l'assumer, et de le prendre pour ce qu'il est, non une fuite, mais un voyage intérieur.

— Disons que Victor m'a encouragé à poursuivre mon aventure.
— Mais n'importe quoi ! Ton aventure avec qui ?
— Avec la philosophie.
— Bon, rappelle-moi quand t'auras un peu plus dormi. Je dois m'occuper des filles.

Je souris sans m'attarder, j'ai beaucoup à faire. Je m'assure d'avoir une nuit supplémentaire à l'hôtel avant de trouver un logement pour les jours à venir. Une fois que tout est réglé, j'emprunte un vélo à la réception et je me dirige vers Neukölln. Sophie m'a donné l'adresse d'un jardin qu'elle a découvert il y a quelques années. Il porte le nom de Comenius, en hommage à un pédagogue, philosophe et grand voyageur qui, dès le début du XVIIe siècle, a milité en faveur d'une éducation pour tous. J'ai quelques difficultés pour actionner le portillon d'entrée, mais une fois à l'intérieur, je suis loin d'être déçue. Le tracé du jardin représente le chemin emprunté par les hommes au cours de leur vie. Selon l'auteur, nous ne cessons jamais d'apprendre, nous en sortons toujours augmentés, nourris par un regard neuf. Il considère que l'éducation est un processus qui doit durer toute la vie. Chaque plante du jardin représente une étape de ce parcours initiatique. Je suis surprise par la variété des espèces, je vais mettre du temps à toutes les repérer. Sur la route, je me suis arrêtée au Zadig French Bookstore. J'ai acheté trois livres d'Emmanuel Kant, ceux qu'on appelle les « trois critiques », *Critique de la raison pure*, *Critique de la raison pratique* et *Critique de la faculté de juger*. Ambrosio Aguilar m'a dit que c'était un des auteurs les plus ardus, mais qu'on ne pouvait pas s'en passer, parce qu'il avait bouleversé la manière de philosopher en essayant de délimiter les pouvoirs de la raison. Kant ne s'intéresse pas tant aux objets qu'à la manière de les connaître. Qu'est-ce qui rend fiables nos savoirs ? Voilà le genre de questions que je vais devoir affronter avec lui.

Après avoir fait le tour des lieux, je m'installe dans un coin, à côté de deux femmes qui semblent venir ici depuis longtemps. Est-ce qu'elles changent de place chaque fois ou est-ce qu'elles restent assises à la même étape du jardin ? Je sors mon ordinateur et commence à rédiger : « Je m'appelle Pénélope, j'ai trente ans et j'aimerais comprendre ce qui m'arrive. »

Le crépuscule des bigaradiers
Athènes, mois de juillet

> *Il faut porter encore en soi un chaos, pour pouvoir mettre au monde une étoile dansante.*
> Nietzsche, *Ainsi parlait Zarathoustra*, 1883.

— Petite chérie, fais une pause ! Tu n'arrêtes jamais le travail, ce n'est pas possible, tu vas devenir toute maigre avec ta philosophie ! Tiens, tu ne veux pas goûter cette tarte-là ? Prends et mange un peu. Si tu aimes, je la mets sur le buffet du midi.

Tonia n'attend pas mon approbation. Elle me découpe une énorme part, qu'elle pose juste à côté de mon clavier d'ordinateur, ne me laissant pas d'autre choix que d'y planter ma fourchette. Malgré les fortes chaleurs de ce début d'été, l'air ambiant est encore frais, et j'aime profiter de ces instants où mon esprit n'est pas écrasé par la température. Depuis plusieurs semaines, Tonia et moi nous sommes mises d'accord sur une nouvelle routine. Je me réveille très tôt, j'avale mon café, puis je passe la chercher en bas de chez elle, dans la rue d'à côté. Je l'aide à faire le marché pour les préparatifs du déjeuner, à porter les courses jusqu'au restaurant, et à mettre en place les tables. Ensuite, elle se met à cuisiner et moi à écrire. Quand vient le service du déjeuner, nous nous répartissons entre la salle et la cuisine. Notre chorégraphie commence à être bien rodée, nous n'avons pas besoin de nous parler pour savoir où nous devons nous placer. Bien que les clients affluent, nous ne sommes pas débordées, et après avoir passé une bonne partie de l'année à être en prise avec des émotions fortes, voir les choses se dérouler avec tant de fluidité m'apporte un répit salvateur. J'ai l'impression d'aiguiser mes capacités de réaction et de renforcer mon sens de l'observation. Quels sont ceux qui attendent un conseil ? Et ceux qui apprécient de prendre du temps pour choisir ? Si mon grec est toujours aussi lacunaire, j'ai tout de même réussi à apprendre un vocabulaire suffisant pour m'attirer la sympathie des clients locaux, et impressionner les touristes. À ce rythme, l'après-midi passe vite, et à peine avons-nous rangé qu'il est déjà l'heure que j'aille voir Théana à l'Institut de rééducation.

Chaque fois que je passe le portail de l'établissement, j'ai toujours quelques secondes d'étonnement. Je ne parviens pas à m'habituer à ma présence ici. J'entre dans le hall, je salue le personnel de l'accueil, j'écris mon nom sur le registre des visites, et j'appuie sur le bouton de l'ascenseur. Les deux portes métalliques s'ouvrent sur une cabine orangée. Comme dans le restaurant de Tonia, je sais ce que j'ai à faire, et d'un pas décidé je traverse le long couloir jusqu'à la chambre 21. Mais l'absence d'hésitation n'empêche pas mon esprit de buter sur l'origine de ma présence ici. Je répète en boucle les mêmes prémisses. Théana marchant à toute allure dans les rues d'Athènes. Théana allongée dans un lit tentant de redonner vie à sa chair. Entre les deux, il me manque une vignette. La bande dessinée a été découpée par un malin génie. Et pourtant, Théana est identique à elle-même. Je l'aperçois à travers la lucarne de la porte. Seuls ses cheveux bruns ont poussé, ils encadrent totalement son visage et le rendent encore plus sculptural. Elle patiente, entourée de journaux, de livres, de carnets, s'exerçant à ne jamais témoigner le moindre signe d'égarement. Quand quelqu'un vient lui rendre visite, elle ne s'embarrasse pas de commentaires, ne raconte pas les séances douloureuses pendant lesquelles son corps doit réapprendre les gestes les plus élémentaires. Je ne crois pas qu'il s'agisse de force de caractère, ni même de courage, c'est plutôt une sorte d'évidence à l'égard de l'avenir. Théana rappelle au futur qu'il n'a pas d'autre choix que de se dévoiler.

— Tu es un peu en retard aujourd'hui, dis donc ! Ma mère t'a encore retenue, je suis sûre ! Faut que tu lui dises de fermer une semaine au mois d'août, il est indispensable qu'elle prenne un peu de congés, et toi aussi d'ailleurs, tu as du travail. Moi, je le lui répète, mais elle ne m'écoute pas. Bon, allez, assieds-toi. Tu peux me passer le bloc de papier sur la chaise juste derrière toi ? Il faut que je voie exactement où on en était.

Depuis que j'ai décidé d'écrire, mais surtout de progresser, ou du moins de persévérer, en philosophie, Théana s'est mis en tête de devenir une sorte d'entraîneur. Ce rendez-vous quotidien m'aide à ne pas me décourager, à construire ma discipline. À la différence d'Alexandre, elle n'est pas dans une posture d'enseignante qui transmet du savoir. Elle me laisse dérouler ma pensée, m'interrogeant lorsqu'elle sent que je suis un peu flottante.

— Attends, je pose mes affaires. Mais tu vas voir, j'ai bien avancé, même si, tu t'en doutes, j'ai dû faire une pause pour manger une tarte de Tonia !

Lorsque j'étais encore à Berlin, je lui avais écrit un mail pour la tenir au courant de mes décisions. À ma grande surprise, quelques heures plus tard, après des semaines sans nouvelles, je recevais un message dans lequel elle s'attribuait ce nouveau rôle de tuteur. Vu le contexte, il était difficile de refuser. Car, dans sa réponse, elle m'annonçait également que le programme pour lequel elle m'avait missionnée était mis sur pause, faute de budget. Tout tombait donc à l'eau. Nos ambitions pour la jeunesse, la sélection des intervenants, et le sens même de mon itinéraire. Je redevenais une touriste anonyme, une célibataire sans emploi en quête d'absolu. Cependant, contrairement à mes réactions habituelles, je n'avais pas été affectée par la nouvelle. Victor m'avait insufflé une énergie insatiable. J'admettais désormais que je n'allais pas m'arrêter là, que ce chemin était avant tout un parcours d'apprentissage, qui ne supposait aucune intervention autre que ma volonté. Ma seule crainte était de ne plus avoir d'interlocuteurs aussi brillants qu'Ambrosio ou Manon, des figures capables de m'éclairer. Dès lors, la proposition de Théana était idéale. Je continuais, en autodidacte, ma formation philosophique et je rentrais à Athènes pour éviter les frais. Et puis, très vite, j'ai su que Tonia possédait un petit appartement qu'elle pouvait m'octroyer contre quelques heures à ses côtés. C'est ainsi que j'étais revenue à la case départ, prête à voyager autrement. Le vacarme avait laissé place à la quiétude, et tout semblait parfait. Enfin, presque tout.

— Ah oui, voilà, Pénélope, nous en étions au passage de Spinoza à Kant. On quittait les

Pays-Bas pour rejoindre l'Allemagne. Allez, je t'écoute, moi aussi j'ai besoin de changer d'air.

— Bon, je te le disais hier, certains philosophes tels que Spinoza font confiance à la raison, mais d'autres, au contraire, se méfient des grandes constructions métaphysiques et préfèrent passer par l'expérience. On les appelle les philosophes empiristes. C'est par exemple le cas du philosophe anglais John Locke qui, en 1689, déclare que notre esprit est une sorte de « feuille blanche » et que les idées viennent d'abord de l'expérience sensible. En fait, c'est l'expérience qui nous aide à produire de nouvelles pensées. D'abord on vit, on expérimente, et ensuite on réfléchit. Ce n'est pas mal cette idée, non ? En tout cas, moi, ça me rassure !

— Pénélope, tu te rends compte de ce que ça veut dire ? Locke considère qu'il faut observer ce qu'il se passe en nous, puis revenir à nos idées en ayant compris qu'elles se forment à partir de l'expérience. La raison n'est pas première. Quelle audace d'envisager les choses ainsi !

— Mais chez les empiristes, il y a aussi l'Écossais David Hume, qui vers 1740 va encore plus loin que Locke. Sa méthode à lui repose entièrement sur le scepticisme. Si j'ai bien compris ce que j'ai lu, il explique que la raison peut démontrer des vérités mathématiques, mais qu'elle ne sert pas à grand-chose quand il s'agit de prouver, par exemple, que le monde extérieur existe ou que le soleil va se lever demain. C'est un choc parce qu'il ôte aux sciences leur fondement rationnel et montre que ce qu'on croit être des certitudes ne sont en fait que des croyances et des habitudes. C'est bien ça ?

— C'est excellent, mademoiselle !

— Ce qui nous amène au fameux Emmanuel Kant. Il a affirmé que Hume l'avait réveillé de son « sommeil dogmatique » ! En fait, c'est en lisant Hume que ses recherches sur la raison vont s'approfondir. Il veut essayer de décortiquer tout cela afin d'identifier les limites du savoir. Kant est certain que la physique est parvenue à des connaissances indubitables, il est passionné par les travaux de Newton et de Galilée, mais il rejoint Hume sur un point, c'est que dès que l'on touche aux grandes questions, dès que l'on creuse des sujets comme la mort, l'amour, la liberté, l'origine du monde, bref, tout ce qui nous intéresse, eh bien là, ça coince, notre esprit patauge et se retrouve pris dans des contradictions insolubles. Il faut donc essayer de définir ce qui rend fiables nos connaissances. C'est ce qu'il fait dans ses trois critiques. Kant nous explique aussi que nous n'avons pas un accès immédiat au réel, que nous ne le connaissons qu'à travers l'espace et le temps, qui nous permettent de voir le monde et pas juste un chaos de sensations. Bref, que notre esprit est super bien fait.

Je suis juste au bord de mon siège, en ébullition. J'ai vécu avec ces auteurs toutes ces dernières semaines, lisant sans relâche, soulignant, comparant, recopiant des passages pour m'en imprégner. Je suis tellement concentrée afin de ne pas me tromper que j'ai des gouttes de sueur qui perlent sur les tempes. Je n'ai pas peur du jugement de Théana, mais articuler mes recherches me demande encore un véritable effort. J'ai toujours la crainte de ne pas être claire, de déformer une idée, de travestir un concept. Il n'y a pas d'approximation en philosophie. Il y a un respect pour la précision que je me dois d'honorer. J'ai entre les mains un trésor. Comprendre n'est pas une question de talent, mais d'engagement et je veux m'y vouer avec tout le sérieux qu'il faut. Pendant que je reprends mon souffle et jette un coup d'œil à mes notes, je perçois sur le visage de Théana un léger signe de souffrance. Elle profite d'une seconde de pause pour se redresser sur son lit. Ses poings s'enfoncent dans le matelas, ses paupières se ferment quelques secondes, et puis soudain, poussée par une puissance intérieure, elle bascule sa tête en arrière et soupire en la relevant. Que vaut la philosophie face à cela ? Que lui enseigne cette expérience ? Quelles idées émergent de ce qu'elle est en train de vivre ? Je feins de ne pas avoir remarqué la scène et la laisse reprendre comme si de rien n'était.

— Je suppose que tu as aussi pris le temps de lire les écrivains des Lumières, non ? Parce qu'il faut que tu gardes en tête que, pendant ce temps-là, Voltaire, Rousseau, Montesquieu, Diderot, préparent le terrain de la Révolution. D'ailleurs, pour Kant, c'est un événement passionnant, il observe l'enthousiasme suscité par la révolte contre les tyrans mais il en conteste aussi le droit, parce que parler d'un droit à la révolte, c'est une contradiction. Si on se révolte, c'est qu'il n'y a plus de droit, c'est qu'on le suspend. Bref, je pense que c'est mon philosophe préféré. À la fin de *La Critique de la raison pure*, il pose trois questions fondamentales, peut-être les plus importantes de l'histoire de la philosophie, mais aussi les plus importantes de ma vie : « Que puis-je savoir ? Que dois-je faire ? Que m'est-il permis d'espérer ? »

Ses yeux se voilent brusquement. Sa voix s'éteint. À quoi pense-t-elle ? Je dois reprendre, la remettre dans son rôle de tutrice, de guide, l'extraire de cet instant.

— Oui, d'accord, mais moi ce qui me perturbe dans tout ça, c'est que Kant était sans doute un génie, mais ce type avait une vie pas marrante du tout ! J'ai lu que tous les jours, il se levait à 5 heures, s'habillait toujours de la même façon, déjeunait à 13 heures avec des copains, et qu'ensuite il faisait toujours la même promenade. Il n'a presque jamais quitté Königsberg et il a répété ce programme pendant des années sans le modifier d'un iota. Ça me donne moyennement envie d'être kantienne, cette affaire...

— Cette discipline est précisément la clé de son travail : regarde comme tu progresses en venant chaque jour ici. Peut-être que, dans vingt ans, nous aussi nous serons toujours là, au même endroit.

Elle éclate de rire mais sa gaieté forcée se mue en un curieux rictus. Les ailes de son nez se rejoignent, ses narines frémissent, et je sens qu'elle est envahie par quelque chose qui la dépasse. Nous nous accrochons l'une et l'autre à notre dernier radeau. La philosophie comme seule réponse à l'incertitude. Qu'allons-nous devenir ? Nos gouffres ne sont pas les mêmes mais nous constatons toutes deux l'ampleur du vide face à nous. Est-ce que ses pieds accepteront de la porter de nouveau ? Est-ce que ce savoir dont je me remplis m'aidera à accepter ce que je suis ? Je l'ignore. J'ai compris qu'il n'y a pas de but à viser et rien à résoudre. Je franchis cette porte tous les jours sans d'autres perspectives que de partager ce moment avec elle et faire vivre ces connaissances, comme elle me l'avait demandé lors de notre premier échange. Je m'apprête à lui parler de Nietzsche mais je vois qu'elle fatigue, les traitements altèrent sa concentration, il est bientôt l'heure que je la laisse se reposer.

— Je vais y aller, ce n'est pas le tout, mais je dois lire ! Il faut aussi que j'écrive à Ambrosio, figure-toi qu'il vient à Athènes me rendre visite la semaine prochaine. Et en août, Cécile arrive avec son nouveau mec. Je vais préparer des visites guidées pour eux.

— N'oublie pas de les emmener au Lycée d'Aristote ! Tu y vas ? Tu es sûre que tu ne veux pas attendre Alex ? Il va arriver, je crois.

— Non, je le verrai aux ateliers. D'ailleurs, tu sais qu'on est de plus en plus nombreux là-bas ? Les Français d'Athènes vont tous devenir experts en philo ! Tu veux que je te rapporte quelque chose demain ?

— Juste un exposé sur la volonté de puissance chez Nietzsche, ça me suffira. Rentre bien.

Sans rien ajouter, je lui souris, je l'embrasse et me dirige vers la sortie. Nous n'abordons pas les sujets intimes, nous avons érigé un mince enclos autour de nous, quelques grandes lignes mais jamais de détails. Elle ne parle pas d'autre chose que des textes et moi non plus. Je n'ai pas osé lui raconter ma rencontre avec Victor, et encore moins le fait que j'avais été séduite par Alexandre. Depuis mon retour, j'échange des nouvelles avec le premier, et des regards gênés avec le second. Alexandre n'a jamais répondu à mes messages. Il est venu me chercher à l'aéroport, témoignant son enthousiasme, m'inondant d'informations sur notre petite communauté et m'assurant que la fin du projet n'était en réalité qu'une pause. Un tourbillon de paroles, mais rien sur ce frémissement entre nous. L'avais-je rêvé ? Comment le savoir sans se confronter ?

Dans la rue en remontant de l'Institut, je m'aperçois que j'ai oublié mon carnet sur le siège de la chambre. Je fais demi-tour en vitesse. Je retourne vers le bâtiment, mes pas se dirigent tout seuls vers la chambre de Théana. Peut-être est-elle endormie. Pour vérifier, je jette un œil par la lucarne. Mon cœur comprend avant moi ce qui se déroule à l'intérieur. Derrière ce petit carré vitré, je vois Alexandre embrasser langoureusement Théana et lui caresser les cheveux. Ils se regardent comme le font deux amoureux. Je retire ma main de la poignée et fais demi-tour. Dans les tragédies grecques, il y a souvent une scène où le héros saisit ce qui était évident pour tout le monde à part lui. Les indices avaient pourtant été distillés tout au long de la pièce, à la disposition des spectateurs, mais le personnage aveuglé par lui-même et par sa fierté n'avait pas été en mesure de les collecter. Alexandre a ignoré ma déclaration parce qu'il est amoureux de Théana depuis des mois et qu'il ne voulait pas risquer de me faire de la peine. Je m'en étais doutée en les voyant la première fois chez Tonia, mais j'avais balayé les informations parce que cela ne cadrait pas avec ma narration.

Dehors, le vent est chaud et m'empêche de prendre une bouffée d'air frais. Théana et Alexandre sont ensemble et se font du bien. Qu'est-ce que cela change ? Suis-je blessée ? Est-ce que je me sens trahie ? Est-ce mon orgueil qui vacille ? Ou est-ce qu'au contraire le monde est en place ? Leur façon de se regarder reste en suspens dans ma rétine. Y a-t-il quelque chose de plus beau que cela ? Que cet amour qui déborde, qui promet, qui veille ? Théana et Alexandre, sous les auspices des dieux de la mythologie. Je ne le vis ni comme une révélation ni comme un coup de tonnerre. Je suis envahie par une vague de douceur. Je repense à Locke. Il n'y a pas que mon esprit qui est une feuille blanche, je le suis tout entière. Plus rien ne me retient nulle part. Voilà des mois que j'ai perdu mes repères. Des portes s'ouvrent et m'aspirent. Je n'offre plus aucune résistance, j'ai rendu les armes que de toute façon je ne possédais pas. J'accueille l'inconnu et je vais au cœur de l'expérience. Victor, Alexandre, Cécile, Théana, mes parents, mes amis, mes collègues, mon confort, ma ville, mon appartement, mon travail, mes projets. Je pourrais faire la liste de mes éclipses, faire état de tout ce que je n'ai pas ou plus, me rappeler les méandres de cette curieuse année. Retrouver mes réflexes, pleurer, palpiter, crier à l'abandon. Je pourrais. Mais je n'en ressens plus la nécessité.

Je marche à l'ombre des bigaradiers, ils sont plantés le long de la rue qui me conduit jusqu'à l'arrêt de bus. La ville d'Athènes compte un nombre infini d'arbres fruitiers. J'ai lu quelque part qu'il y en avait plus de 80 000 plantés sur les trottoirs. Des mûriers, des citronniers, des mandariniers, des oliviers bien entendu, et puis, des espèces dont j'ai découvert le nom en arpentant la ville, en faisant des photos et en essayant de les retrouver sur Internet. C'est comme ça, par exemple, que j'ai connu les jacarandas avec leurs fleurs violettes si époustouflantes. Beaucoup de ces arbres produisent des fruits comestibles, ce qui, à certaines saisons, fait de la ville une sorte de verger urbain. J'observe les différentes écorces, les nœuds qui ponctuent les troncs, je remonte jusqu'aux branches, certaines se chevauchent ou s'isolent. Chaque arbre semble répondre à un agencement qui n'est hasardeux que pour celui qui le contemple. Et d'hiver en été, rien ne les empêche de se renouveler.

*

Arrivée dans mon appartement, je m'installe à ce qui est devenu ma table de travail. Le salon n'est pas très grand, mais s'ouvre sur un joli balcon. Une branche d'olivier séchée prend place dans un petit flacon faisant office de vase. Je me sers un verre de thé glacé et j'envoie quelques textos. Un à Sophie Jeanin pour lui demander dans quel pays elle se trouve ce soir, deux à Cécile et mes parents concernant des billets d'avion et un autre à Victor à qui je souhaite bonne chance pour le concours d'architecture auquel il candidate la semaine prochaine. Les noms s'affichent à la file. Le passé se joint au présent et en appelle à l'avenir. Je souris de ces constellations.

Libérée de mes correspondances, je reprends ma lecture de Nietzsche là où j'en étais. Je suis absorbée par ses mots. Dans *Ainsi parlait Zarathoustra* qu'il écrit en 1883, Nietzsche analyse le nihilisme. Cet effondrement des repères, ce sentiment que le monde n'a plus de sens. Dépossédé de ce qui le structurait, l'homme ne peut croire en rien, il ne veut plus ériger aucun principe. Alors, pour s'en sortir, il incite les individus à se redéfinir, à se réinventer, à rendre le nihilisme actif. Puisque nous avons perdu nos anciennes valeurs, autant les remplacer par de nouvelles. C'est ici que débute la reconstruction. Revenir sur tout ce qui nous paraissait acquis et poser de nouveaux piliers. Le jour est tombé, j'ignore l'heure qu'il est, je mets de côté mon livre, et je saisis mon ordinateur. J'ai déjà écrit pas mal depuis Berlin, mais je fais défiler le curseur de ma souris tout au début. J'ajoute un saut de page après le titre, et au milieu de la page, je tape :

« Ceci n'est pas un livre de philosophie, ce n'est pas un manuel, ni un essai, ni même un roman, c'est l'histoire d'un affranchissement. Un récit pour tous ceux qui, un jour, ont dû quitter leur port d'attache. »

J'appuie sur la touche retour et, à cet instant, mon téléphone vibre, faisant trembler ma branche d'olivier. Je me demande qui m'appelle à cette heure. Sur l'écran s'affiche le nom de Manon Lepeuve. On se parle souvent mais j'hésite à répondre, j'ai envie de rester dans cette atmosphère en dehors de toute distraction. Poussée par la curiosité, au dernier moment, j'appuie tout de même sur le bouton vert :

— Allô, Pénélope ? Je ne te dérange pas ?
— Non pas du tout, j'étais en train de lire Nietzsche.
— Ah bah ça tombe bien !
— Pourquoi ?
— Qu'est-ce que tu fais en septembre ?
— Pour le moment, je ne sais pas vraiment, je reste à Athènes, je vais voir...
— Parfait, tu es donc en mesure de me rejoindre à New York. Je vais à un cycle de conférences sur la philo européenne, j'ai su que les organisateurs cherchaient des intervenants, et j'ai pensé à toi. Je pense que tu es prête, non ?

Épilogue

7 h 47. Un œil puis l'autre. Ma main saisit le téléphone. J'ai plusieurs textos que je n'ouvre pas, j'attends de pouvoir les lire au calme, quand j'aurai tout le loisir d'y répondre. Je m'étire, je pointe les orteils pour réveiller ma colonne vertébrale. Mon corps est engourdi mais ma conscience est déjà claire. Je me dirige vers la fenêtre. La vue me subjugue. Un bleu électrique se dégage des interstices de ciel qu'on aperçoit entre les gratte-ciel. Sa nuance contraste avec le bleu-vert de l'Hudson en contrebas. Il y a tant à découvrir ici !

Dans quelques heures à peine, les colonnes du Parthénon s'inviteront sur une terre qu'elles auront l'audace de trouver nouvelle. À l'abri d'une salle de conférences, je ferai de mon mieux pour transmettre ce que j'ai compris. Nous tirerons ce fil qui relie l'humanité depuis que la pensée a fait de nous des hommes. Alors la philosophie continuera son inlassable parcours. Ce va-et-vient d'idées qui jamais ne se fige, qui se nourrit de crises, de failles, de certitudes mouvantes, de doutes insolubles, et d'amour qui nous précède autant qu'il nous survit.

Je m'appelle Pénélope, j'ai trente ans et je poursuis les grains de sable portés par le vent.

Par ordre d'apparition

PLATON – (428-348 av. J.-C.)
Le Banquet

ARISTOTE – (384-322 av. J.-C.)
Traité de l'âme

MARC AURÈLE – (121-180)
Pensées

AVERROÈS – (1126-1198)
Discours décisif

CHRISTINE DE PISAN – (1364-1430)
La Cité des dames

MACHIAVEL – (1469-1527)
Le Prince

SPINOZA – (1632-1677)
L'Éthique

Kant – (1724-1804)
Critique de la raison pure
Critique de la raison pratique
Critique de la faculté de juger

Nietzsche – (1844-1900)
Ainsi parlait Zarathoustra

Remerciements

Quelle curieuse aventure que d'écrire une odyssée dans une année où les déplacements sont soumis à l'immobilité ! Il a fallu aller chercher dans les confins de l'intimité de nouveaux territoires. Cela n'aurait pas été possible sans l'amour de tous ceux qui m'ont ouvert les frontières et qui m'ont emmenée là où je n'aurais pas osé regarder.

À mon frère adoré dont la confiance infinie m'a donné le courage du roman.
À Claire qui a su prendre soin de ce texte et offrir sa délicatesse aux personnages.
À Susanna et Anna pour ce soutien si précieux que je souhaite à tous les auteurs.

À mes parents, qui m'ont tant manqué pendant l'écriture.
Je n'aurai jamais de meilleurs relecteurs.

À mon Pika, mon Coco, mon Côte,
à qui beaucoup de mots de ce texte sont adressés.

À mes équipes, Ioana, Amanda, Christelle, Prachi et Mendrika qui me permettent de m'échapper sans craindre que le navire s'écroule.

Et aux enfants qui nous tiennent debout.

À Lia, Claudia, Liv pour les cœurs liés à jamais.

À l'enfant, Sébastien, et à ses mille vies.

À Jessica et Victor pour les rencontres qui fondent. À Ella pour les évidences. À Valérie, Léa et François, mes cousins préférés. À Julia pour l'amour qui irradie tout. À Sixtine pour l'inconditionnel. À Nathalie R. qui a su deviner et dire. À Laurent-David en attendant sa Kim. À Virginie, Olga, Iris et Maud, habitantes de mes pensées. À Sylvie qui est toujours là.

À Alexandre, avec qui les tempêtes deviennent des paradis.

À tous ceux qui ont la patience de me lire chaque matin. Aux personnages qui font ce qu'ils veulent. Et aux ruptures qui nous emmènent sur d'autres rivages. À vous tous que j'aime et qui faites de moi une auteure.

Retrouvez Marie Robert sur Instagram
@philosophyissexy